新工科·普通高等教育机电类系列教材

机械原理课程设计

主编　周传喜

参编　华　剑　万　锋

机械工业出版社

"机械原理课程设计"是机械类、近机械类专业学生必修的一门实践类课程，也是石油类专业学生"机械设计基础"课程的配套实践课程。该课程以常用机械系统中的典型机构为研究对象，旨在培养学生对"机械原理"课程以及数学、力学类等课程相关知识的综合运用能力，对机械工程实际中的机构选型、传动方案设计等问题的分析、解决能力，进行计算、绘图、表达和计算机辅助设计的能力，以及对机构的构思、开发和创新能力。

本书共7章，内容包括机械原理课程设计概述、机械系统运动方案与创新设计、平面连杆机构的分析及其综合、凸轮机构分析及设计、齿轮机构分析及设计、机械原理课程设计题选及基于计算机辅助设计的机械原理课程设计实例。

本书可作为高等院校机械类及近机械类专业的"机械原理课程设计"课程的教材和石油类专业"机械设计基础"课程的指导书，也可供相关工程技术人员参考。

图书在版编目（CIP）数据

机械原理课程设计／周传喜主编. --北京：机械
工业出版社，2024.10（2025.9 重印）. --（新工科·普通高等
教育机电类系列教材）. -- ISBN 978-7-111-76512-7

Ⅰ. TH111
中国国家版本馆 CIP 数据核字第 2024RH5369 号

机械工业出版社（北京市百万庄大街22 号　邮政编码100037）
策划编辑：徐鲁融　　　　　　责任编辑：徐鲁融　董伏霖
责任校对：潘　蕊　张　薇　　封面设计：张　静
责任印制：单爱军
保定市中画美凯印刷有限公司印刷
2025 年9 月第1 版第2 次印刷
184mm×260mm·7.5 印张·184 千字
标准书号：ISBN 978-7-111-76512-7
定价：29.00 元

电话服务　　　　　　　　　网络服务
客服电话：010-88361066　　机 工 官 网：www.cmpbook.com
　　　　　010-88379833　　机 工 官 博：weibo.com/cmp1952
　　　　　010-68326294　　金 书 网：www.golden-book.com
封底无防伪标均为盗版　机工教育服务网：www.cmpedu.com

前　言

"机械原理课程设计"是机械类、近机械类专业学生必修的一门实践类课程，也是石油类专业学生"机械设计基础"课程的配套实践课程。该课程以常用机械系统中的典型机构为研究对象，旨在培养学生对"机械原理"课程以及数学、力学类等课程相关知识的综合运用能力，对机械工程实际中的机构造型、传动方案设计等问题的分析、解决能力，进行计算、绘图、表达和计算机辅助设计的能力，以及对机构的构思、开发和创新能力。

本书从工程教育专业认证背景下的新课程设计教学大纲各项要求出发，总结多年的教学改革实践和指导学生参加全国大学生学科竞赛的经验，兼顾传统三大传动机构设计内容，以计算机辅助设计为手段，将课堂中的大作业、毕业设计等实践环节及科研前沿的部分内容加以应用，带给读者一些新设计内容和解决问题的新方法、新思路。

本书的特色是有大量的石油类专业特色典型机械机构设计的内容。让石油类专业特色渗透到具体的课程设计题目及示例内容中去。对具有石油类专业特色的高校学生来说，这是一本比传统《机械原理课程设计指导书》更具特色的教材。同时对学习"机械设计基础"课程的石油类专业学生来说，这也是一本更加贴合石油工业现场的实践指导书。

本书多处采用计算机辅助设计手段完成实例中的机构运动分析及动态静力分析。解决问题采用的方法新颖独特，对机械设计运动方案及创新设计内容也有诸多的方法及图例表述，帮助拓展学生的机械创新思路及方法。

本书在每章章末设有"思政拓展"模块，以二维码的形式链接了拓展视频，让学生在进行课程设计之余，感受石油领域科学家、大庆油田开拓者等开拓创新的感人故事，了解改写油气运输历史的功勋管道、"深海一号"能源站的建设历程，将党的二十大精神融入其中，树立学生的科技自立自强意识，助力培养德才兼备的高素质人才。

本书由主编周传喜完成第 2 章、第 3 章、第 4 章、第 5 章和第 7 章的编写；华剑完成第 1 章的编写；万锋完成第 6 章的编写。

本书的编写和出版得到了机械工业出版社的大力支持，在此谨致以衷心感谢。对所有关心和支持本书编写和出版的人士也一并表示由衷的感谢。

由于编者水平有限，书中难免存在错误及欠妥之处，敬请广大读者提出宝贵意见和建议。

编　者

目　录

第1章

机械原理课程设计概述

1.1　机械原理课程设计的目的及意义

1.1.1　机械原理课程设计的目的

1）通过机械原理课程设计，学生应能够根据给定的机械装备或油气装备的机械传动要求，调研连杆、凸轮、齿轮等的文献资料，通过分析和比较，自主拟订机械系统传动方案，完成机构尺度综合。

2）通过对机构进行运动学和动力学分析，学生应能够运用相关力学原理与数学方法，建立机械装备或油气装备主体机构的运动学和动力学模型。

3）在对主体机构进行运动学和动力学分析的过程中，培养学生计算、绘图、表达、运用计算机辅助设计的能力，还可进一步培养学生的机构构思、开发和创新能力。

4）在传动方案拟订和机构分析与设计中，要求学生能够综合考虑安全、健康、法律、文化及环境等诸多制约因素的影响。

5）在课程设计说明书的撰写和课程设计答辩等环节中，培养学生能够正确表达设计思想、设计方法、设计方案与设计过程的能力。

1.1.2　机械原理课程设计的意义

机械原理课程设计是机械类专业学生必修的实践教学环节，是一门重要的技术基础课程，在整个教学计划中起承上启下的作用。该课程以常用机械系统中的典型机构为研究对象，根据给定的设计要求，进行机械系统传动方案设计、尺度综合、运动学和动力学分析，撰写课程设计说明书。该课程设计环节对机械类各专业学生综合运用课程理论知识以及数学、力学等相关知识和原理，分析、解决机械工程实际中的机构选型、传动方案设计及创新能力的培养具有十分重要的意义。

1.2　机械原理课程设计的内容及任务

机械原理课程设计的选题，一般可由教师结合专业特点来确定，为了保证上述诸多课程设计的目的及设计内容的综合性与完成性，课程设计的选题一般应包含（连杆机构、凸轮机构及齿轮机构）三种机构的分析及综合，此外还应该有多个运动传动方案的选择及比较的内容。因此，本课程设计的内容有以下五个方面。

1. 总体传动方案的设计

在构思机构传动方案时，要做到多方案对比，思路清晰，各部分的传动比分配合理，在计算机上绘出主传动机构的原理示意图。

2. 机构尺度综合

根据传动方案，合理确定主体机构中各构件的尺度参数。

3. 机构运动分析

当用图解法或解析法进行机构运动分析时，要求借助现代设计手段求出从动件处于不同位置时的位移曲线、速度曲线和加速度曲线，并分析计算结果的合理性。

4. 机构动力分析

当用解析法或图解法进行机构动力分析时，要求借助现代设计手段求出机构一个运动循环中各构件的受力情况及主动件上所需施加的驱动力矩，并分析计算结果的合理性。

5. 编写设计说明书与答辩

要求掌握所有设计过程、设计方法，熟练地运用标准、规范、手册、图册等有关技术资料，得到合理的设计结论。

1.3 机械原理课程设计的方法和要求

1.3.1 机械原理课程设计的方法

机械原理课程设计的方法有图解法与解析法两种。图解法是采用作图方法来求解，利用一些必要的几何关系求出最后结果，其特点是简单、直观、结果精度低。解析法则是通过建立数学模型，采用计算机程序辅助求解，其特点是计算精度高、求解速度快，为了避免浪费大量人力、物力，可以同时进行机构运动曲线和动力曲线的绘制，这样更能帮助我们进行机构选型和尺度综合分析。

1.3.2 机械原理课程设计的要求

1. 资料提交要求

机械原理课程设计所要提交的资料主要包括课程设计草稿、课程设计说明书电子版和课程设计说明书纸质版三大部分。

（1）课程设计草稿要求 课程设计草稿需能体现整个设计的构思、推演、分析等过程。

（2）课程设计说明书电子版要求 课程设计说明书电子版需按照论文排版格式要求进行排版，并采用指导教师给定的统一封面（图1-1），电子版压缩包中还需包含计算机程序代码及必要的分析结果曲线。

（3）课程设计说明书纸质版要求 课程设计说明书纸质版内容与电子版内容一致，需装订成册（用订书机简装即可），并采用指导教师给定的统一封面。课程设计说明书内容针对不同题目而定，大致需包括以下九部分内容。

1）目录（标题、页码）。

2）设计任务（包括题目背景资料、已知参数、待求参数、设计要求等）。

3）拟订的机构传动方案（包括传动特点、传动比分配等）。

机械工程学院

机械原理课程设计

班　　级：＿＿＿＿＿＿＿＿＿＿＿＿＿

姓　　名：＿＿＿＿＿＿＿＿＿＿＿＿＿

班级序号：＿＿＿＿＿＿＿＿＿＿＿＿＿

指导老师：＿＿＿＿＿＿＿＿＿＿＿＿＿

总体传动方案拟订与机构尺度综合(15%)	运动学与动力学建模(20%)	运动学与动力学求解分析(20%)	整体设计过程(25%)	设计说明书质量(10%)	答辩(10%)	总成绩	评阅人

20✕✕　—　20✕✕　学年 第＿＿✕＿＿学期

图 1-1　课程设计说明书统一封面

4）对选定的传动机构进行的尺度综合分析（要求计算机程序辅助求解）。

5）对选定的传动机构进行的运动分析和结果合理性评价（要求计算机程序辅助求解）。

6）对选定的传动机构进行的动力分析和结果合理性评价（要求计算机程序辅助求解）。

7）必要的程序流程图、程序代码及运行结果。

8）课程设计总结。

9）参考文献。

2. 课程设计说明书排版格式要求

（1）需要在课程设计说明书中正确标注参考文献　为了反映说明书的科学依据和作者尊重他人研究成果的严肃态度，同时向读者展示有关信息的出处，正文中应按顺序在引用参考文献处的文字右上角用［］标明，并在正文之后列出参考文献，正文的［］中序号应与"参考文献"中序号一致，且所列参考文献应只限于作者亲自阅读过的最主要的发表在公开出版物上的文献。

（2）课程设计说明书的排版格式规范

1）版面尺寸：A4（21.0cm×29.7cm）；版心位置（正文位置）：上边界3.5cm、下边界3.0cm、左边界3.0cm、右边界2.5cm、装订线位置定义为0。

2）页眉与页码：页眉从第1页开始设置，距边界2.8cm，采用宋体五号字居中，奇数页页眉为说明书的一级标题文字，偶数页页眉为说明书的题目；页码采用页脚方式设定，采用宋体五号字、用"第×页（共×页）"的格式，位于页面下方、居中、距下边界 2.2cm 的位置。

3）目录："目录"2 字采用黑体小二号字，居中；一级标题顶格，采用黑体小四号字；若有二级标题，则二级标题比一级标题缩进 2 个字符，采用宋体小四号字；标题文字与页码之间用点线，页码居右对齐。

4）正文内标题：正文另起一页，正文标题采用阿拉伯数字标引（阿拉伯数字与标题文字之间空一个汉字长，不加标点符号，如一级标题 1　××××；二级标题 1.1　××××；三级标题 1.1.1　××××），一级标题采用小二号字、二级标题采用三号字，字体采用黑体加粗、顶格排列、前后段间距 0.5 行或 6 磅。

5）正文文本：采用宋体小四号字、标准字间距，行距设置为固定值 22 磅，所有标点符号采用宋体全角，英文字母和阿拉伯数字采用半角 Times New Roman 字体，每段首行缩进 2 个字符。

6）说明书中图、表、公式：说明书中所涉及的全部图、表，都需用计算机绘制，并应规范化，符号、代号应符合国家标准。图以文中出现先后顺序按"图 1　××××、图 2　××××、……"（楷体五号加粗）随文排。表格以文中出现先后顺序按"表 1　××××、表 2　××××、……"（黑体五号加粗）随文排。图、表中文字采用宋体五号字、不加粗，英文字母和阿拉伯数字采用半角 Times New Roman 字体。公式序号以文中出现先后顺序按"（1）、（2）、……"排在式行顶右。

7）参考文献：位于正文结尾后下隔 2 行，"参考文献"4 字居中，采用黑体四号字；具体参考文献内容采用宋体五号字、两端对齐的方式排列，行距设置为固定值 18 磅。正文中应按顺序在引用参考文献处的文字右上角用［ ］标明，［ ］中序号应与"参考文献"中序号一致。

8）参考文献的著录，按作者/文献题名/出版事项顺序排列，格式如下。

① 期刊：［序号］作者. 文章名［J］. 期刊名，年，卷（期）：引文页码.

② 著作图书：［序号］作者. 书名：其他书名信息［M］. 版次（第 1 版应省略）. 出版地：出版者，出版年：引文页码.

③ 论文集：［序号］作者. 论文集名［G］. 出版地：出版者，出版年：引文页码.

④ 学位论文：［序号］作者. 文章名［D］. 保存地点：保存单位，年份.

⑤ 技术标准：［序号］归口单位. 标准名称：标准编号［S］. 出版地：出版者，出版年.

⑥ 报纸文章：［序号］作者. 文章名［N］. 报纸名（外文报名可缩写，缩写后的首字母应大写），出版年-月-日（期）.

⑦ 专利：［序号］专利申请者. 专利名：专利号［P］. 公布年-月-日.

9）附录：附录另起一页，采用黑体三号字靠左对齐方式注明"附录×"字样，附录内容按正文文本要求排版。

10）课程设计说明书文档资料装订的基本要求：①幅面：以 A4（21.0cm×29.7cm）为基本幅面；②装订位置：靠左竖装，装订位置距左边界 0.8～1.0cm；③装订顺序：封面、目录、正文、参考文献和附录；④用订书机简装即可。

1.4 机械原理课程设计教学进度安排

各校各专业对机械原理课程设计的具体要求有所不同，本书按照安排 2 周时间进行课程设计编写，机械原理课程设计教学进度安排见表 1-1。

表 1-1 机械原理课程设计教学进度安排

序号	内容	时间/天数
1	熟悉课题内容，查阅资料，确定机构传动方案	1
2	根据已选定机构确定换挡方法，绘制机构传动方案简图，选择电动机规格	1
3	平面机构尺度综合	1
4	平面机构运动分析	2
5	平面机构动力分析	2
6	编写课程设计说明书	2
7	答辩	1
总计		10

1.5 机械原理课程设计考核细则及成绩评定

1.5.1 课程考核细则

课程考核细则见表 1-2。

表 1-2 课程考核细则

考核内容	目标分值	考核细则	课程目标与分值对应关系				
			1	2	3	4	5
总体传动方案拟订与机构尺度综合	15	考查学生总体传动方案与机构尺度综合过程的合理性，传动比分配及机构尺度综合结果是否正确	15				
运动学与动力学建模	20	考查学生能否根据相关力学原理与数学方法建立机构的运动学与动力学模型		20			
运动学与动力学求解分析	20	考查学生能否根据所建立的运动学与动力学模型，采用现代计算方法进行求解，并对计算结果进行合理分析			20		
整体设计过程	25	考查学生在传动方案拟订和机构分析与设计中，能否综合考虑安全、健康、法律、文化及环境等诸多制约因素影响，保证整体设计质量				25	
课程设计说明书质量	10	考查学生的课程设计说明书内容是否完整，格式是否规范，层次是否清晰					10
答辩	10	考查学生能否与指导教师进行技术交流，能否正确回答课程设计中的相关技术问题					10
合计:100分			15	20	20	25	20

1.5.2　课程评价标准

　　课程设计题目经课程组教师讨论确定，由课程组指定教师出题、试做，课程负责人审核，并制订课程设计计划。机械原理课程设计课程为考查课，采用期末考核方法，期末考核主要考查学生课程设计各个主要过程中的表现，包括总体传动方案拟订与机构尺度综合的合理性、运动学与动力学建模的正确性、运动学与动力学求解分析的正确性、课程设计说明书质量以及答辩成绩。考核内容和具体考核细则按照教学大纲规定执行。

　　本课程考核内容有六项，其中总体传动方案拟订与机构尺度综合占15%、运动学与动力学建模占20%、运动学与动力学求解分析占20%、整体设计过程占25%、课程设计说明书质量占10%、答辩占10%。

　　各项均按百分制或等级制考核（等级制与百分制成绩转换按优秀：计90~100分，良好：计80~89分，中等：计70~79分，及格：计60~69分，不及格：计60分以下）。机械原理课程设计课程考核成绩具体评分标准见表1-3。

表 1-3　机械原理课程设计课程考核成绩具体评分标准

考核内容	目标分值	评价标准					课程目标
		90~100分	80~89分	70~79分	60~69分	<60分	
总体传动方案拟订与机构尺度综合	15	在构思机构传动方案时，能做到思路清晰，各部分的传动比分配合理，在计算机上绘出主传动机构的原理示意图。同时机构尺度综合部分能充分考虑多个约束条件下的几何尺寸设计计算	在构思机构传动方案时，能做到思路较清晰，各部分的传动比分配合理，在计算机上绘出主传动机构的原理示意图。同时机构尺度综合部分能考虑部分约束条件下的几何尺寸设计计算	在构思机构传动方案时，能进行各部分的传动比合理分配，在计算机上绘出主传动机构的原理示意图。同时机构尺度综合部分能考虑必要的约束条件下的几何尺寸设计计算	在构思机构传动方案时，基本能进行各部分的传动比合理分配，在计算机上基本可以绘出主传动机构的原理示意图。同时机构尺度综合部分基本能考虑少数约束条件下的几何尺寸设计计算	在构思机构传动方案时，不能做到思路清晰，各部分的传动比分配不合理，在计算机上不能绘出主传动机构的原理示意图。同时机构尺度综合部分不能考虑多个约束条件下的几何尺寸设计计算	目标1
运动学与动力学建模	20	能熟练利用相关力学原理与数学方法建立机构的运动学与动力学模型，且模型正确无误	能较好利用相关力学原理与数学方法建立机构的运动学与动力学模型，且模型准确度较高	能利用相关力学原理与数学方法建立机构的运动学与动力学模型，且模型大体正确	基本能利用相关力学原理与数学方法建立机构的运动学与动力学模型，且模型基本正确	不能利用相关力学原理与数学方法建立机构的运动学与动力学模型	目标2
运动学与动力学求解分析	20	在机构运动学分析与动力学分析时，能熟练掌握演算分析方法，能熟练地以准确清晰的图表呈现分析结果	在机构运动学分析与动力学分析时，能较好掌握演算分析方法，能较好地以准确的图表呈现分析结果	在机构运动学分析与动力学分析时，能掌握演算分析方法，能以较准确的图表呈现分析结果	在机构运动学分析与动力学分析时，基本能掌握演算分析方法，基本能以图表呈现分析结果	在机构运动学分析与动力学分析时，不能掌握演算分析方法，不能以图表呈现分析结果	目标3

（续）

考核内容	目标分值	评价标准					课程目标
		90~100分	80~89分	70~79分	60~69分	<60分	
整体设计过程	25	机构选型及确定的机构传动方案完全正确,能熟练绘制机构传动方案简图;能熟练利用工程数学、工程力学及工程图学等专业基础知识对各传动机构进行完整的设计计算,计算结果正确	机构选型及确定的机构传动方案比较正确,能较好绘制机构传动方案简图;能较好利用工程数学、工程力学及工程图学等专业基础知识对各传动机构进行较完整的设计计算,计算结果正确	机构选型及确定的机构传动方案基本正确,能绘制机构传动方案简图;能很好利用工程数学、工程力学及工程图学等专业基础知识对各传动机构进行较完整的设计计算,计算结果基本正确	机构选型及确定的机构传动方案基本正确,能绘制机构传动方案简图;基本能利用工程数学、工程力学及工程图学等专业基础知识对各传动机构进行较完整的设计计算,计算结果基本正确	机构选型及确定的机构传动方案不正确,不能绘制机构传动方案简图;基本不能利用工程数学、工程力学及工程图学等专业基础知识对各传动机构进行较完整的设计计算,计算结果不正确	目标4
课程设计说明书质量	10	编写课程设计说明书,内容完整,格式规范,图表齐全,说明书质量很高	编写课程设计说明书,内容比较完整,格式比较规范,图表比较齐全,说明书质量较高	编写课程设计说明书,内容比较完整,格式基本规范,图表不够齐全,说明书质量一般	编写课程设计说明书,内容基本完整,格式不够规范,图表不齐全,说明书质量较差	编写课程设计说明书,内容不完整,格式不够规范,图表不齐全,说明书质量很差	目标5
答辩	10	能准确描述设计过程、准确表达设计思想和设计方案、准确建立机构的运动学和动力学模型,能对工程实际问题进行合理分析	能较准确描述设计过程、较准确表达设计思想和设计方案、较准确建立机构的运动学和动力学模型,能对工程实际问题进行比较合理的分析	能描述设计过程、表达设计思想和设计方案、建立机构的运动学和动力学模型,能对工程实际问题进行基本合理的分析	基本能描述设计过程、表达设计思想和设计方案、建立机构的运动学和动力学模型,基本能对工程实际问题进行一定分析	基本不能描述设计过程、表达设计思想和设计方案、建立机构的运动学和动力学模型,基本不能对工程实际问题进行分析	目标5

🖉 **思政拓展**：2003年，侯祥麟院士以91岁高龄，挂帅"可持续发展油气资源战略研究"，一年时间里，侯祥麟组织了30位院士、96名学者，组成7个专题组，进行艰苦调研。他们科学分析了我国和世界油气资源的现状及供需发展趋势，提出了我国油气可持续发展的总体战略、指导原则、措施和政策建议，为中央决策提供了重要依据。扫描右侧二维码了解石油领域的伟大科学家——侯祥麟院士。

科学家科学史
石油赤子——侯祥麟

第2章

机械系统运动方案与创新设计

2.1 机械系统运动方案设计

机械系统运动方案设计是机械产品设计的重要阶段，其设计好坏直接关系到机械产品完成预期任务的程度、工作质量的优劣。同时，机械系统运动方案设计也是富有创造性的环节。其主要内容包括：功能原理分析、运动规律设计、执行构件运动形式设计及机构选型设计。

2.1.1 功能原理分析

机械产品的设计目的都是为了实现某一预期的功能要求，功能原理设计即根据机械产品需要实现的功能，构思和选择适当的功能原理来实现这一功能要求。实现同一个功能要求，可以选用不同的功能原理来实现，功能原理不同，需要的工艺动作必然不同；即使选用的功能原理相同，也可以采用不同的工艺动作，从而导致执行构件运动方案也必然不同，这会进一步影响机械产品的工作质量、技术水平和制造成本等。因此，功能原理分析力求在较好地实现机械产品功能的前提下，构思和选择简单的功能原理，它是后续机械执行系统设计的第一步，也是十分重要的一步。

实现同一使用要求或工艺要求，可以采用不同的功能原理。例如，从水井中取水这一使用要求，可以采用改变水动能的功能原理，也可以采用改变容器容积的功能原理。采用不同的功能原理，必然导致采用不同的工艺动作，工艺动作设计得不同，设计出的机构运动方案也就不同。例如，设计一个蔬菜收割机器，对于莴苣类蔬菜可采用平地铲刀进行收割，而对于莲藕类则需要连根拔起收割；再例如，设计一个水果采摘机器人，有的需要采用刀具剪切收割，有的则需要采用容器吸入收割。

采用相同的功能原理，采用不同的工艺动作，也能满足同样的使用要求，例如，从水井中取水改变容器容积的功能原理，可以采用往复移动的工艺动作改变容积，也可以采用往复摆动的工艺动作改变容积。不同的机构可能实现同一工艺动作，满足同样的使用要求，例如，设计某机器需要完成转动变移动的工艺动作，可以采用齿轮齿条机构、凸轮机构、曲柄滑块机构这三种不同的机构来实现。设计者必须根据受力大小、使用维修方便与否、制造成本高低、加工难易程度等各种因素进行分析比较，然后确定适合的功能原理。

2.1.2 运动规律设计

功能原理确定后，就需要进行运动规律设计。运动规律设计就是要根据使用要求和功能原理，制订合理的运动规律。所以运动规律设计应充分考虑使用要求和功能原理，在满足使用要求的前提下，尽可能设计出简单且易于实现的运动规律，必要时，还可以重新构思功能原理。

在运动规律设计过程中，往往需要将复杂的运动规律（工艺动作）进行分解，工艺动作的分解方法不同，所得到的运动规律也各不相同，机械运动方案也就不同。例如，洗衣服的工艺动作可以是往复移动式搓洗运动，也可以是旋转运动搓洗，两种不同的工艺动作得到不同的运动规律，运动规律不同，实现运动规律的运动方案也不同。运动规律设计应考虑以下因素：

1）运动规律尽量简单，才能保证设计的机构方案简单、实用并可靠。采用机构能实现的基本运动形式，如单向转动、单向移动、往复摆动、往复移动、间歇运动及轨迹运动等。例如，硬币分离装置要求对不同直径的硬币进行分类收集。图 2-1 所示为硬币分离装置示意图，硬币通过传送带送到两块同步运动的上层筛网上，但由于两筛网上孔径不同，上层筛网孔径比 5 角硬币的直径大但比 1 元硬币的直径小，下层筛网孔径小于 5 角硬币直径，所以 5 角硬币会从上层筛网上掉落到下层筛网上去，而 1 元硬币则留在上层筛网上，再通过两同步运动筛网的振动，把硬币送到筛网底部的抽屉中，从而完成硬币分离收集工作。

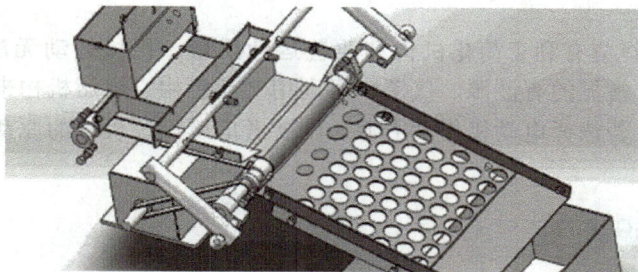

图 2-1　硬币分离装置示意图

该方案构思巧妙，只需要设计两个具有不同孔径且同步运动的振动筛网即可，避免了对不同直径硬币的测量动作。一些水果的分级也可以利用同样的方式对水果进行高效的机械分级。

2）将复杂的运动规律进行分解。任何复杂运动均可以分解成一些简单运动，如转动、摆动、直移运动、步进运动等。对于一个较复杂的运动规律，为了使设计的机构简单紧凑、便于加工并易于获得高精度，通常需要将复杂的运动规律分解成一些简单的运动规律。只是要注意，运动分解过程中要综合考虑运动实现的可能性、机械产品的复杂性及机械产品的工作性能，力求从诸多的运动规律中选出简单实用的运动规律。

2.1.3　执行构件运动形式设计

机械的工艺动作分解完成后，接着便需要确定完成简单运动规律所需执行构件的数目和各执行构件的运动规律，即根据所需的运动规律合理选择或创新执行构件运动形式。执行构件运动形式设计为机械运动方案设计中的重要部分，其设计好坏直接关系到整体方案的先进性、实用性和可靠性。执行构件运动形式设计应满足以下原则。

1）满足工艺动作及其运动规律的要求。按已拟订的功能原理进行执行构件运动形式设计时，应满足执行构件所需的运动规律要求，包括运动形式、运动规律或运动轨迹等方面要求。通常满足同一运动规律的机构类型很多，建议多选择几种，再进行比较，保留性能好的，淘汰不理想的。

例如，若要使执行构件实现精确而连续的位移规律，则可以选择的机构类型很多，有凸轮机构、连杆机构、液压机构等。经过多方面分析比较，最理想的实现直线运动的机构还是凸轮机构，因为它能实现的运动规律丰富，能精确实现位移规律，结构简单。而连杆机构结构稍复杂；液压机构则适合用于要求始、末位置定位准确，而中间其他位置不需要准确定位的情况。

2）机构的运动链要短。机构的运动链短，构件和运动副数目就少，在整体布局上占用空间小且结构紧凑，一定程度上使机构结构简单。坚持运动链短的原则，可使材料耗费少，制造成本低，整机质量小。另外，运动链短还可以减少各零件的制造误差，有利于提高机构整体运动精度、机械效率和工作可靠性。

3）机构的传力性能要好。传力性能是保证机构工作效率的指标，所以在进行执行构件运动形式设计时要充分考虑机构的传力性能，力求在满足机构平衡、动负载小，以及执行构件速度、加速度变化符合要求的前提下，采用最大传动角和最小增力系数机构，以减小原动机轴上力矩。

4）动力源的选择应有利于简化机构和改善运动质量。机械运动无法避免动力源问题，动力源的形式多样，常见的有液源、气源，可利用气动机构、液压机构来简化机构结构，也便于调节速度大小。若选择电动机作动力源，则要考虑所设计机构的原动件要为连续旋转构件才行。

2.1.4　机构选型设计

实现执行构件某一运动规律的机构通常有好几种，设计者必须根据工艺动作要求、受力大小、使用维修方便与否、制造成本的高低、加工难易程度等诸多因素进行分析比较，然后择优选择适合的机构。机构选型设计是利用发散思维的方法，将现有的各种机构按照动作功能或运动特性进行分类，再根据设计对象中的执行构件所需的运动特性或动作进行搜索、选择、比较、评价，最后选出最合适的执行机构。

机构选型设计一般需遵循如下基本原则。

（1）依照生产工艺要求选择恰当的机构类型与运动规律　实现该原则一般可采取如下实施办法。

1）按执行构件的运动形式选用相应的机构类型。

2）机构中的执行构件在工作循环中的速度、加速度的变化应符合要求，以保证产品质量。

3）若选用机构的运动误差较大，可以采用能近似实现运动规律的机构。

（2）结构简单，尺寸适度，整体布局紧凑　实现该原则一般可采取如下实施办法。

1）机构的结构在满足要求时力求简单、可靠。

2）从主动件到从动件的运动链要短，构件和运动副的个数尽可能少。

（3）制造加工容易　实现该原则一般可采取如下实施办法。

1）低副机构中建议采用易于保证配合精度的转动副，而避开难以保证配合精度的移动副。

2）高副机构虽说可以减少构件和运动副数，但其形状复杂，制造困难。

（4）具有高的机械效率与生产率　实现该原则一般可采取如下实施办法。

1）机构传动链尽可能短。

2）尽量少采用移动副（易发生自锁现象）。

3）合适的机构类型可以提高生产率。

4）机构动力特性要好。

5）执行机构的选择要考虑到动力源的运动形式、功率、转矩及其负载特性，它们须能够相互匹配协调。

6）机构传力性能要好，有利于提高机械效率。

常用机构的主要性能特点和能实现的运动变化见表2-1。

表 2-1　常用机构的主要性能特点和能实现的运动变化

机构类型	主要性能特点	能实现的运动变化
平面连杆机构	结构简单，制造方便，运动副为低副，能承受较大负载。但平衡困难，不宜用于高速场合，在实现从动杆多种运动规律的灵活性方面不及凸轮机构	转动⇄转动 转动⇄摆动 转动⇄移动 转动→平面运动
凸轮机构	机构简单，可实现从动杆各种形式的运动规律。运动副为高副，依靠力或几何封闭保持运动副接触，故不适用于重载场合，常在自动机或控制系统中应用	转动⇄移动 转动——摆动
齿轮机构	承载能力和速度范围大，传动比恒定，运动精度高，效率高，但运动形式变换不多。非圆齿轮机构能实现变传动比传动。不完全齿轮机构能传递间歇运动	转动⇄转动 转动⇄移动
轮系	轮系能获得大的传动比或多级传动比。差动轮系可将运动合成与分解	
螺旋机构	结构简单，工作平稳，精度高，反行程有自锁性能，可用于微调和微位移场合。但效率低，螺纹易磨损。采用滚珠螺旋可提高效率	转动⇄移动
槽轮机构	常用于分度转位机构，用锁紧盘定位，但定位精度不高。分度转角取决于槽轮的槽数，槽数通常为4～12。槽数少时，角加速度变化较大，冲击现象较严重，不适用于高速场合	转动——间歇转动
棘轮机构	结构简单，可用作单向或双向传动机构，分度转角可以调节。但工作时冲击噪声大，只适用于低速轻载场合。常用于分度转位装置及防止逆转装置中，但要附加定位装置	摆动——间歇转动
组合机构	可由凸轮、连杆、齿轮等机构组合而成，能实现多种形式的运动规律，且具有各机构的综合优点。但结构较复杂，设计较困难，常在要求实现复杂动作的场合应用	能实现多种形式的运动规律

2.2　机构创新设计

机构创新设计是在设计中采用新的技术手段、技术原理和非常规的方法进行设计，以满足市场需求，提高产品的竞争力。机构创新设计的出发点是解决工程实际问题，目的是设计出新颖、合理、价格性能比优越且具有先进性的产品。

机构创新设计是一项创新构思设计，通过借鉴成功的经验及机构实例资料，利用多种"创新技法"去激发创造思维，设计满足运动要求的初始机构运动方案。在初定机构运动方案后，采用下面的方法还可以构思出更多的机构运动方案。

2.2.1 机构的变异创新设计

构思机构设计时凭空想出一个能实现预期动作要求的新机构比较困难，但我们可以在一些已经熟悉的机构基础上来进行变异设计，从而创新构思出能实现预期动作要求的新机构。

机构的运动主要取决于构件和运动副的尺寸、形状、位置，我们可以通过改变构件和运动副的尺寸、形状、位置或者通过机构倒置来对机构进行变异。

1. 改变运动副尺寸

图 2-2a 所示为曲柄滑块机构。当转动副 B 的直径尺寸增大到将转动副 A 包含在其中时，曲柄滑块机构变异成如图 2-2b 所示的偏心轮机构。

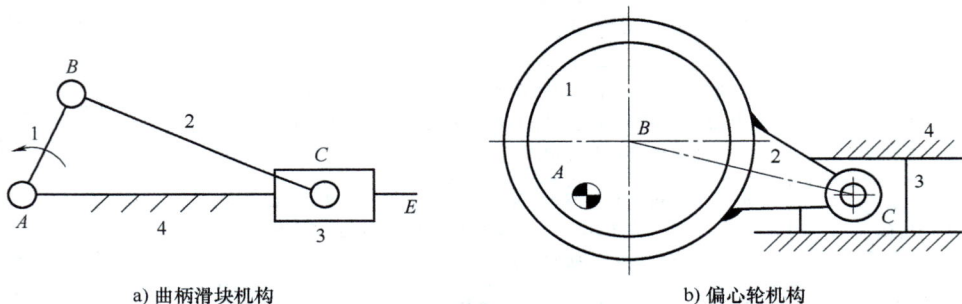

a) 曲柄滑块机构   b) 偏心轮机构

图 2-2 改变运动副尺寸

2. 改变运动副形状

图 2-3a 中当改变棘轮形状，并将其转动副变成移动副后，得到如图 2-3b 所示的间歇式

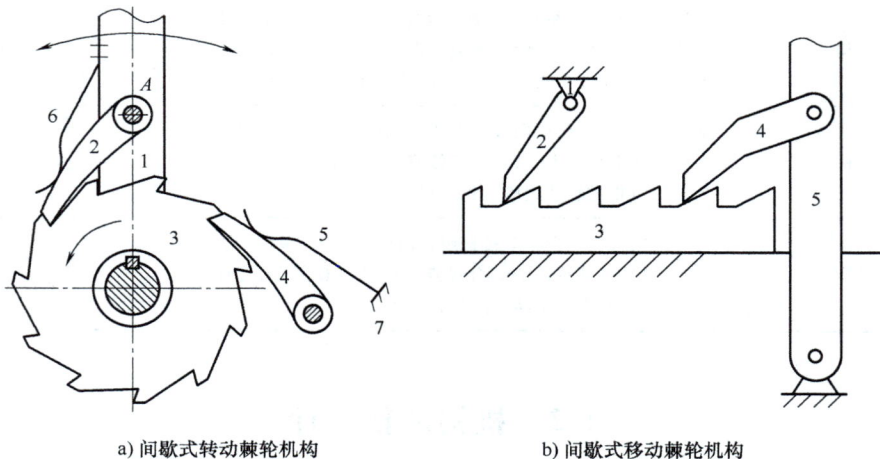

a) 间歇式转动棘轮机构   b) 间歇式移动棘轮机构

图 2-3 改变运动副形状

移动棘轮机构。

3. 改变构件形状

图 2-4 所示为双滑块机构，该机构是在原曲柄滑块基础上设置一段圆弧槽，通过改变连杆的形状，使得机构变异成双滑块机构。

4. 机构倒置

机构倒置即机构中采用不同的构件作机架，机构可实现不同的运动形式。图 2-5a 所示为曲柄滑块机构；图 2-5b 所示为机架变换后的转动导杆机构；图 2-5c 所示为机架变换后的曲柄摇块机构；图 2-5d 所示为机架变换后的移动导杆机构。

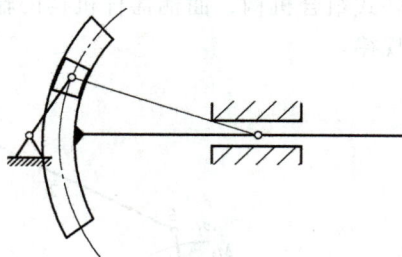

图 2-4　双滑块机构

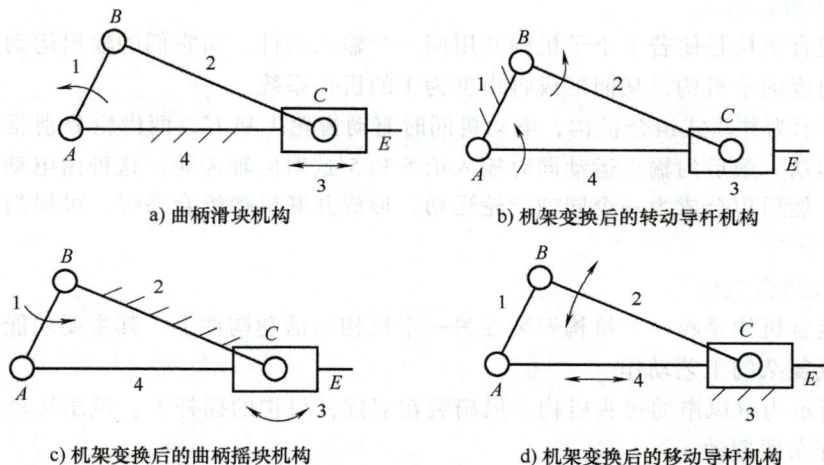

a) 曲柄滑块机构　　b) 机架变换后的转动导杆机构　　c) 机架变换后的曲柄摇块机构　　d) 机架变换后的移动导杆机构

图 2-5　机构倒置

2.2.2　机构的组合创新设计

机构组合是将几种基本机构组合在一起，保持各基本机构各自的特性，但需要各个机构的运动或动作协调配合。

随着技术发展，工程设计对机构运动规律和动力特性都提出了更高的要求。简单的连杆机构、齿轮机构、凸轮机构及间歇机构往往不能满足要求。例如，连杆机构难以实现一些特殊的运动规律；凸轮机构虽可以实现任意运动规律，但行程不可调；齿轮机构虽具有良好的传力特性，但运动形式单一；槽轮机构及棘轮机构的动力特性不好，无法避免冲击和振动。为了解决上述问题，必须进行机构组合创新设计，使各基本机构的优点得以发挥，不良性能得以改善。运用机构组合原理，可设计出既满足工作要求，又具有良好运动和动力特性的机构。常见的机构组合方式有串联式、并联式和复合式组合等。

1. 串联式组合机构

串联式组合机构是将前一个机构的输出构件与后一个单自由度机构的输入构件刚性连接在一起。串联式组合机构中各机构可以是同类型机构，也可以是不同类型机构。图 2-6 所示为串联式组合机构，曲柄摇杆机构的输出摇杆作为曲柄滑块机构的曲柄，可得到滑块的特殊运动规律。

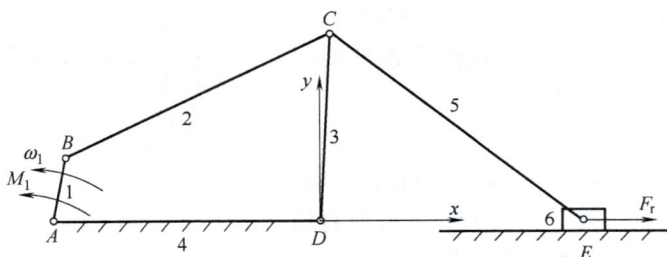

图 2-6　串联式组合机构

2. 并联式组合机构

并联式组合机构是使若干个子机构共用同一个输入构件，而它们的输出运动又同时输入给一个多自由度的子机构，从而形成自由度为 1 的机构系统。

图 2-7 所示为并联式组合机构，电动机同时驱动齿轮 1 和 1′，两齿轮分别驱动两个不同的定轴轮系运动，最后的输出运动同时输入给 5 和 5′这对同轴齿轮。这种由电动机运动分解成两路传动，然后再合成为一个同轴齿轮运动，形成并联机构组合系统，可提高同轴齿轮轴的输出动力。

3. 复合式组合机构

复合式组合机构是将一个机构安装在另一个机构的活动构件上。其主要功能是实现特定的输出，完成复杂的工艺动作。

图 2-8 所示为电风扇的摇头机构。风扇装在双摇杆机构的摇杆上。风扇转动时，通过蜗杆传动使摇杆来回摆动。

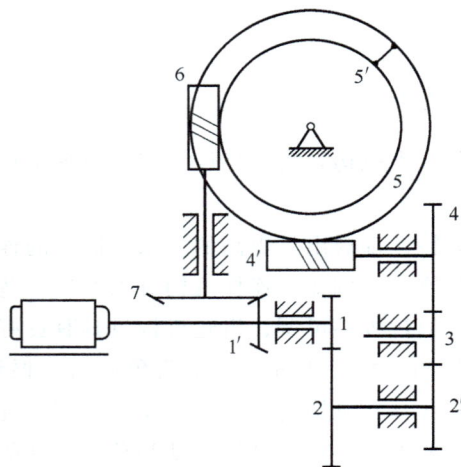

图 2-7　并联式组合机构

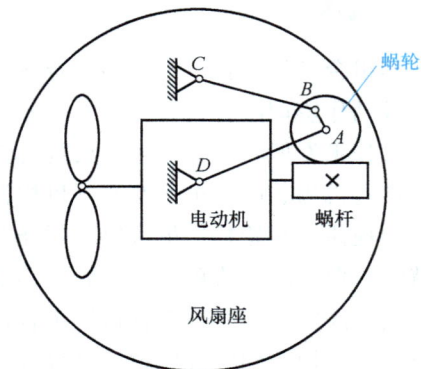

图 2-8　电风扇的摇头机构

组合机构多用来实现一些特殊的运动轨迹或获得特殊的运动规律，广泛应用于纺织、印刷和轻工业等生产部门。

第3章

平面连杆机构的分析及其综合

3.1 平面连杆机构的运动分析解析法

解析法将机构问题抽象为数学问题，将机构运动参数和结构参数之间的关系用数学解析式来描述，便于推理和对机构在整个运动循环过程中任意位置的运动和动力性能进行深入分析，同时分析精度也高。按使用的数学工具及分析过程不同，平面连杆机构的运动分析解析法分为整体分析法、杆组法和复数矢量法等。

平面连杆机构的运动分析解析法步骤大致如下。

1）建立数学模型。首先应选定合适的直角坐标系，一般使坐标原点在某一固定铰链上、某一个坐标轴与机架重合；然后选各杆的矢量方向和转角；最后通过机构封闭矢量方程式，向坐标轴投影写出机构独立运动方程，进行位置分析、速度分析和加速度分析。

2）根据数学模型，编制和调试程序。

3）上机计算并得到计算结果。

4）分析和校验计算结果以确保分析结果的正确性。

3.1.1 平面连杆机构的整体运动分析

1. 铰链四杆机构

图 3-1 所示为铰链四杆机构运动分析，已知各构件尺寸分别为 l_1、l_2、l_3、l_4；机构中 3 个杆件的角位移分别为 θ_1、θ_2、θ_3；角速度分别为 ω_1、ω_2、ω_3；角加速度分别为 ε_1、ε_2、ε_3。

图 3-1 所示的铰链四杆机构构成一个封闭矢量多边形，其封闭方程为：$\vec{l_1} + \vec{l_2} = \vec{l_3} + \vec{l_4}$

（1）位移分析数学模型　分别把各矢量向 x 轴和 y 轴作投影，得到方程组

$$\begin{cases} l_1\cos\theta_1 + l_2\cos\theta_2 = l_4 + l_3\cos\theta_3 \\ l_1\sin\theta_1 + l_2\sin\theta_2 = l_3\sin\theta_3 \end{cases} \quad (3-1)$$

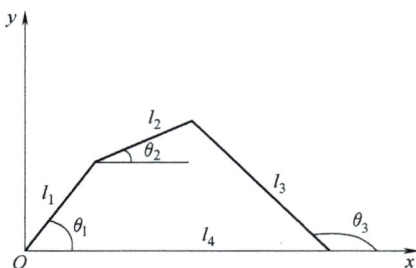

图 3-1　铰链四杆机构运动分析

在 θ_1 已知的情况下，求 θ_2 和 θ_3。将式（3-1）整理为 $a\sin\theta_3 + b\cos\theta_3 = c$ 形式，其中，

$$a = -2l_3 l_1 \sin\theta_1$$
$$b = 2l_3(l_4 - l_1\cos\theta_1)$$
$$c = -l_1^2 + l_2^2 - l_3^2 - l_4^2 + 2l_1 l_4 \cos\theta_1。$$

解得

$$\theta_3 = 2\arctan\frac{a\pm\sqrt{a^2+b^2-c^2}}{b+c}$$

（正负号根据机构的两个安装模式来确定）

$$\theta_2 = \arctan\frac{l_3\sin\theta_3 - l_1\sin\theta_1}{l_3\cos\theta_3 - l_1\cos\theta_1 + l_4}$$

（2）速度分析数学模型　对式（3-1）求导得到

$$\begin{cases} l_2\omega_2\cos\theta_2 - l_3\omega_3\cos\theta_3 = -l_1\omega_1\cos\theta_1 \\ -l_2\omega_2\sin\theta_2 + l_3\omega_3\sin\theta_3 = l_1\omega_1\sin\theta_1 \end{cases} \tag{3-2}$$

$$\omega_2 = \omega_1\frac{l_1\sin(\theta_1-\theta_3)}{l_2\sin(\theta_3-\theta_2)}, \quad \omega_3 = \omega_1\frac{l_1\sin(\theta_1-\theta_2)}{l_3\sin(\theta_3-\theta_2)}$$

（3）加速度分析数学模型　对式（3-2）求导得到

$$\begin{cases} l_2\varepsilon_2\cos\theta_2 - l_3\varepsilon_3\cos\theta_3 = l_1\omega_1^2\sin\theta_1 + l_2\omega_2^2\sin\theta_2 - l_3\omega_3^2\sin\theta_3 - l_1\varepsilon_1\cos\theta_1 \\ -l_2\varepsilon_2\sin\theta_2 + l_3\varepsilon_3\sin\theta_3 = l_1\omega_1^2\cos\theta_1 + l_2\omega_2^2\cos\theta_2 - l_3\omega_3^2\cos\theta_3 + l_1\varepsilon_1\sin\theta_1 \end{cases} \tag{3-3}$$

$$\varepsilon_2 = -\frac{n\cos\theta_3 + m\sin\theta_3}{l_2\sin(\theta_2-\theta_3)}, \quad \varepsilon_3 = -\frac{n\cos\theta_2 + m\sin\theta_2}{l_3\sin(\theta_2-\theta_3)}$$

其中，

$$\begin{cases} m = l_1\omega_1^2\sin\theta_1 + l_2\omega_2^2\sin\theta_2 - l_3\omega_3^2\sin\theta_3 - l_1\varepsilon_1\cos\theta_1 \\ n = l_1\omega_1^2\cos\theta_1 + l_2\omega_2^2\cos\theta_2 - l_3\omega_3^2\cos\theta_3 + l_1\varepsilon_1\sin\theta_1 \end{cases}$$

若杆 1 为曲柄，则 $\varepsilon_1 = 0$。

2. 正弦机构

图 3-2 所示为正弦机构运动分析，已知曲柄 l_1 匀速运动、运转角度 θ_1 及角速度 ω_1。

根据图 3-2 所示建立的坐标系得到点 A 的位移 s_A、速度 v_A 及加速度 a_A 的表达式

$$\begin{cases} s_A = l_1\cos\theta_1 \\ v_A = \dfrac{ds_A}{dt} = -l_1\sin\theta_1 \cdot \dfrac{d\theta_1}{dt} = -l_1\omega_1\sin\theta_1 \\ a_A = \dfrac{d^2s_A}{dt^2} = \dfrac{dv_A}{dt} = -l_1\cos\theta_1 \cdot \left(\dfrac{d\theta_1}{dt}\right)^2 - l_1\sin\theta_1 \cdot \dfrac{d^2\theta_1}{dt^2} = -l_1\omega_1^2\cos\theta_1 \end{cases}$$

3. 曲柄滑块机构

图 3-3 所示为曲柄滑块机构运动分析，已知 x_A、y_A、l_1、l_2、β、e、θ_1、ω_1、ε_1，求解滑块 3 的位移 s、速度 v 及加速度 a；连杆 2 的角位移 θ_2、角速度 ω_2 及角加速度 ε_2。

图 3-3 所示的曲柄滑块机构构成一个封闭矢量多边形，其封闭方程为：$\vec{l_1} + \vec{l_2} = \vec{e} + \vec{s}$

（1）位移分析数学模型　分别把各矢量向 x 轴和 y 轴作投影，得到方程组

$$\begin{cases} l_2\sin\theta_2 - s\sin\beta = -l_1\sin\theta_1 - e\cos\beta \\ l_2\cos\theta_2 - s\cos\beta = -l_1\cos\theta_1 + e\sin\beta \end{cases} \tag{3-4}$$

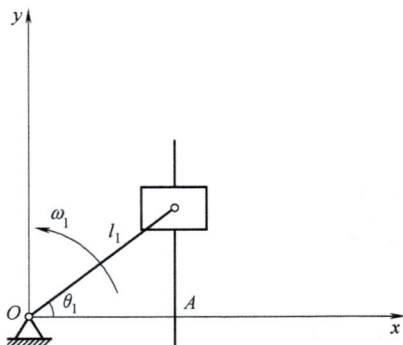

图 3-2　正弦机构运动分析

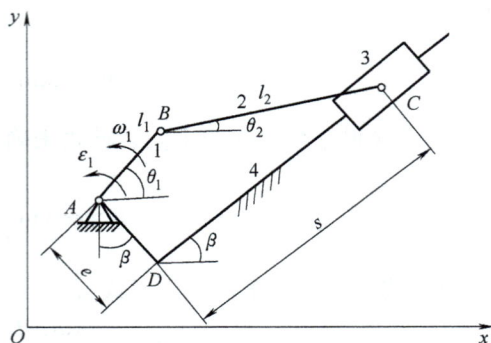

图 3-3　曲柄滑块机构运动分析

在 θ_1 和 β 已知的情况下，求滑块 3 的位移 s 和连杆 2 的角位移 θ_2。解得

$$s = l_1 \cos(\theta_1 - \beta) \pm \sqrt{l_2^2 - [e - l_1 \sin(\theta_1 - \beta)]^2}$$

$$\theta_2 = \arctan \frac{s\sin\beta - l_1\sin\theta_1 - e\cos\beta}{s\cos\beta - l_1\cos\theta_1 + e\sin\beta}$$

（2）速度分析数学模型　对式（3-4）求导得到

$$\begin{cases} l_2\omega_2\cos\theta_2 - v\sin\beta = -l_1\omega_1\cos\theta_1 \\ -l_2\omega_2\sin\theta_2 - v\cos\beta = l_1\omega_1\sin\theta_1 \end{cases} \tag{3-5}$$

$$\omega_2 = -\omega_1 \frac{l_1\cos(\theta_1 - \beta)}{l_2\cos(\theta_2 - \beta)}, \qquad v = l_1\omega_1 \frac{\sin(\theta_2 - \theta_1)}{\cos(\theta_2 - \beta)}$$

（3）加速度分析数学模型　对式（3-5）求导得到：

$$\begin{cases} l_2\varepsilon_2\cos\theta_2 - a\sin\beta = l_1\omega_1^2\sin\theta_1 + l_2\omega_2^2\sin\theta_2 - l_1\varepsilon_1\cos\theta_1 \\ -l_2\varepsilon_2\sin\theta_2 - a\cos\beta = l_1\omega_1^2\cos\theta_1 + l_2\omega_2^2\cos\theta_2 + l_1\varepsilon_1\sin\theta_1 \end{cases} \tag{3-6}$$

$$\varepsilon_2 = \frac{m\cos\beta - n\sin\beta}{l_2\cos(\theta_2 - \beta)}, \qquad a = -\frac{n\cos\theta_2 + m\sin\theta_2}{\cos(\theta_2 - \beta)}$$

其中，

$$\begin{cases} m = l_1\omega_1^2\sin\theta_1 + l_2\omega_2^2\sin\theta_2 - l_1\varepsilon_1\cos\theta_1 \\ n = l_1\omega_1^2\cos\theta_1 + l_2\omega_2^2\cos\theta_2 + l_1\varepsilon_1\sin\theta_1 \end{cases}$$

若杆 1 为曲柄，则 $\varepsilon_1 = 0$。

3.1.2　常用杆组运动分析

1. 铰接二杆组（三个转动副，即 RRR）的运动方程

图 3-4 所示为 RRR 杆组运动分析，已知杆长 l_1 和 l_2，点 P_1、P_2 的坐标 (x_{P_1}, y_{P_1}) 和 (x_{P_2}, y_{P_2})，求 P_3 的坐标 (x_{P_3}, y_{P_3})，杆 1 的角位移 θ_1、角速度 ω_1 和角加速度 ε_1，杆 2 的角位移 θ_2、角速度 ω_2 和角加速度 ε_2。

1）点 P_3 的坐标 (x_{P_3}, y_{P_3}) 为

$$\begin{cases} x_{P_3} = x_{P_1} + l_1\cos\theta_1 \\ y_{P_3} = y_{P_1} + l_1\sin\theta_1 \end{cases}$$

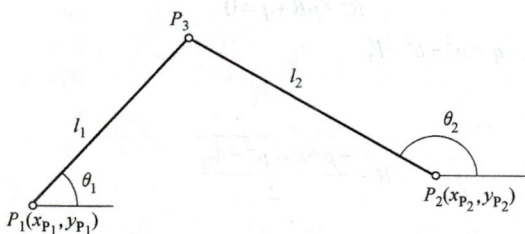

图 3-4　RRR 杆组运动分析

2）杆 1 的角位移 θ_1 为

$$(x_{P_3}-x_{P_2})^2+(y_{P_3}-y_{P_2})^2=l_2^2$$

带入点 P_3 坐标，整理为 $a\sin\theta_1+b\cos\theta_1=c$ 形式，其中，

$$a=y_{P_2}-y_{P_1}$$
$$b=x_{P_2}-x_{P_1}$$
$$c=\frac{l_1^2-l_2^2+a^2+b^2}{2l_1}$$

解得

$$\theta_1=\begin{cases}2\arctan\dfrac{a+\sqrt{a^2+b^2-c^2}}{b+c} & (b+c\neq0)\\[2mm]2\arctan\dfrac{c-b}{2a} & (b+c=0)\end{cases}$$

3）杆 2 的角位移 θ_2 为

$$\tan\theta_2=\frac{y_{P_3}-y_{P_2}}{x_{P_3}-x_{P_2}}\Rightarrow\theta_2=\arctan\frac{y_{P_3}-y_{P_2}}{x_{P_3}-x_{P_2}}$$

通过上述的一系列公式求出杆 1 的角位移 θ_1 和杆 2 的角位移 θ_2 后，再进一步求导，便可得到杆 1 的角速度 ω_1 和角加速度 ε_1；杆 2 的角速度 ω_2 和角加速度 ε_2。

2. 铰接二杆组（两个转动副和一个移动副，即 RRP）**的运动方程**

图 3-5 所示为 RRP 杆组运动分析，已知杆 1 长 l_1，点 P_1、P_2 的坐标为 P_1（x_{P_1}，y_{P_1}）和 P_2（x_{P_2}，y_{P_2}），导杆的角位移 β、角速度 ω_2 和角加速度 ε_2。设点 P_3 的坐标 P_3（x_{P_3}，y_{P_3}），$\overline{P_2P_3}=R$，求杆 1 的角位移 θ_1、角速度 ω_1 和角加速度 ε_1。

1）点 P_3 的坐标（x_{P_3}，y_{P_3}）为

$$\begin{cases}x_{P_3}=x_{P_1}+l_1\cos\theta_1=x_{P_2}+R\cos\beta\\y_{P_3}=y_{P_1}+l_1\sin\theta_1=y_{P_2}+R\sin\beta\end{cases}$$

2）求解 $\overline{P_2P_3}$ 的值。令 $a=y_{P_2}-y_{P_1}$，$b=x_{P_2}-x_{P_1}$，有

$$\begin{cases}l_1\cos\theta_1=b+R\cos\beta\\l_1\sin\theta_1=a+R\sin\beta\end{cases}$$

将上两式平方相加得

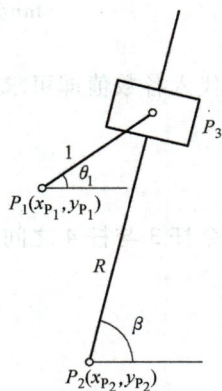

图 3-5　RRP 杆组运动分析

$$R^2 + pR + q = 0$$

式中，$p = 2(b\cos\beta + a\sin\beta)$；$q = a^2 + b^2 - l_1^2$。

解得

$$R = \frac{-p + k\sqrt{p^2 - 4q}}{2}$$

当 β 为锐角时，$k = 1$；当 β 为钝角时，$k = -1$。

3）求解杆 1 的运动参数。因为 $\tan\theta_1 = \dfrac{y_{P_3} - y_{P_1}}{x_{P_3} - x_{P_1}}$，将点 P_1、P_2 坐标带入得

$$\theta_1 = \arctan\frac{R\sin\beta + a}{R\cos\beta + b}$$

通过上述的一系列公式求出杆 1 的角位移 θ_1 后，再进一步求导，便可得到杆 1 的角速度 ω_1 和角加速度 ε_1。

3.1.3 平面连杆机构计算机辅助运动分析示例

图 3-6 所示为摆动导杆机构运动分析，已知：曲柄长 $l_1 = 0.6\text{m}$，机架长 $l_4 = 1.2\text{m}$，曲柄 1 以等角速度 $\omega_1 = 3\text{rad/s}$ 转动，试求出导杆 3 的角位移 θ_3、角速度 ω_3 和角加速度 ε_3 的计算式，并上机计算求出当曲柄转角 θ_1 分别等于 $0°$、$15°$、$30°$、$\cdots$、$345°$、$360°$ 时角位移 θ_3、角速度 ω_3、角加速度 ε_3 的相应数值，并绘出导杆 3 的角位移 θ_3、角速度 ω_3 和角加速度 ε_3 随 θ_1 变化曲线。

1. 数学模型建立

已知曲柄长 $l_1 = 0.6\text{m}$，机架长 $l_4 = 1.2\text{m}$，曲柄角速度 $\omega_1 = 3\text{rad/s}$，如图 3-6 所示建立坐标系可得滑块中心处位置坐标为

$$B(l_1\cos\theta_1, l_4 + l_1\sin\theta_1) \text{ 或 } B(l_3\cos\theta_3, l_3\sin\theta_3)$$

联立可得

$$\tan\theta_3 = \frac{\sin\theta_3}{\cos\theta_3} = \frac{l_4 + l_1\sin\theta_1}{l_1\cos\theta_1}$$

图 3-6 摆动导杆机构运动分析

代入各数值即可求得导杆 3 的角位移 θ_3 为

$$\theta_3 = \arctan\frac{2 + \sin\theta_1}{\cos\theta_1}$$

令杆 3 与杆 4 之间夹角为 θ_2，导杆 3 的变化长度为 l_3，与 θ_3 关系为 $\theta_2 = |90° - \theta_3|$。由

$$\cos(90° + \theta_1) = \frac{l_1^2 + l_4^2 - l_3^2}{2l_1 l_4}$$

得

$$l_3 = 0.6\sqrt{5 + 4\sin\theta_1}$$

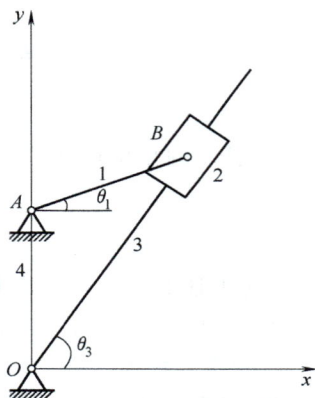

由

$$\cos\theta_2 = \frac{l_3^2 + l_4^2 - l_1^2}{2l_3 l_4}$$

又由瞬心 P_{13} 得

$$\frac{\omega_1}{\omega_3} = \frac{\dfrac{l_3}{\cos\theta_2}}{\dfrac{l_3}{\cos\theta_2} - l_4}$$

代入各项数值可得导杆 3 的角速度 ω_3 为

$$\omega_3 = \frac{3 + 6\sin\theta_1}{5 + 4\sin\theta_1}$$

求导得导杆 3 的角速度 ε_3 为

$$\varepsilon_3 = \frac{18\cos\theta_1}{\left(5 + 4\sin\theta_1\right)^2}$$

2. 编程计算（C 语言程序代码）

```
#include<stdio. h>
#include<math. h>
main( )
{int i;
float b3,w3,a3,d3;
float q[25];
for(i=0;i<25;i++)
scanf("%f",&q[i]);
for(i=0;i<25;i++)
{d3=atan((2+sin(q[i]*3.1415926/180))/cos(q[i]*3.1415926/180));
b3=d3*180/3.1415926;
if(b3<0)
b3=b3+180;
w3=(3+6*sin(q[i]*3.1415926/180))/(5+4*sin(q[i]*3.1415926/180));
a3=(18*cos(q[i]*3.1415926/180))/((5+4*sin(q[i]*3.1415926/180))*(5+4*sin(q[i]*3.1415926/180)));
printf("b3=%f,w3=%f,a3=%f\n",b3,w3,a3);
}}
```

3. 求解结果

上机计算，导杆 3 的角位移 θ_3、角速度 ω_3 和角加速度 ε_0 随曲柄转角 θ_1 变化曲线结果分别如下。

1）导杆 3 角位移 θ_3 随曲柄转角 θ_1 变化曲线如图 3-7 所示。

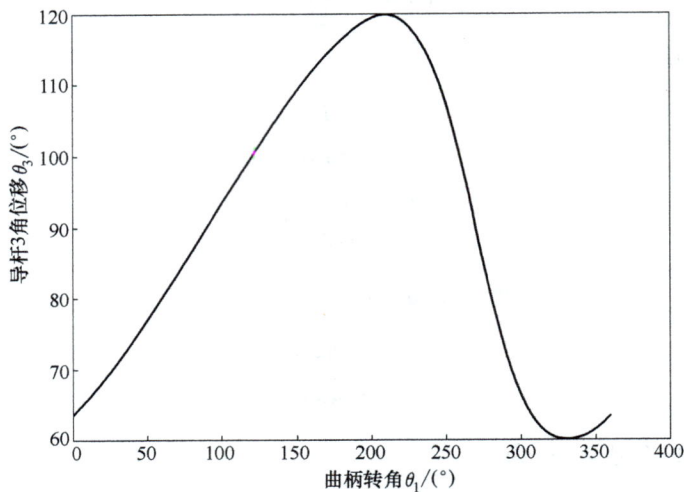

图 3-7　导杆 3 角位移 θ_3 随曲柄转角 θ_1 变化曲线

2）导杆 3 角速度 ω_3 随曲柄转角 θ_1 变化曲线如图 3-8 所示。

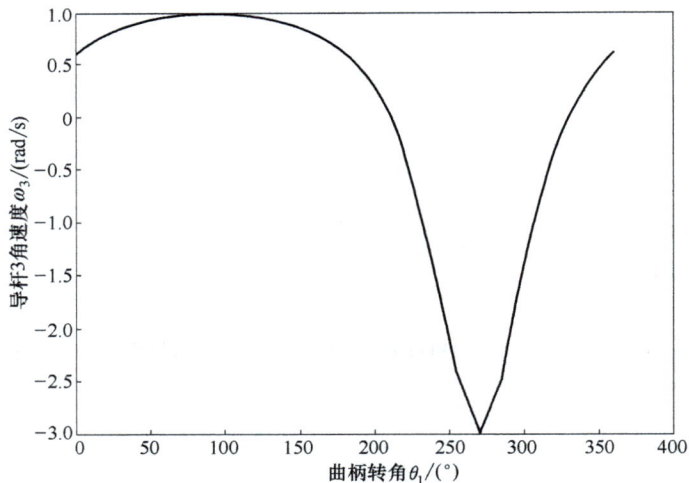

图 3-8　导杆 3 角速度 ω_3 随曲柄转角 θ_1 变化曲线

3）导杆 3 角加速度 ε_3 随曲柄转角 θ_1 变化曲线如图 3-9 所示。

4. 结果分析

将上述结果在一个图中呈现，如图 3-10 所示，通过观察发现，当 $\theta_1 = \dfrac{k\pi}{2}$（$k = 1$，2，3，…）时，$\tan\theta_1 \to \infty$ 故在 ω_3-θ_1 和 ε_3-θ_1 图像上有突变产生，解决办法：增加曲柄转角 θ_1 的取值点，取更多的点作图，使得曲线更加光滑。

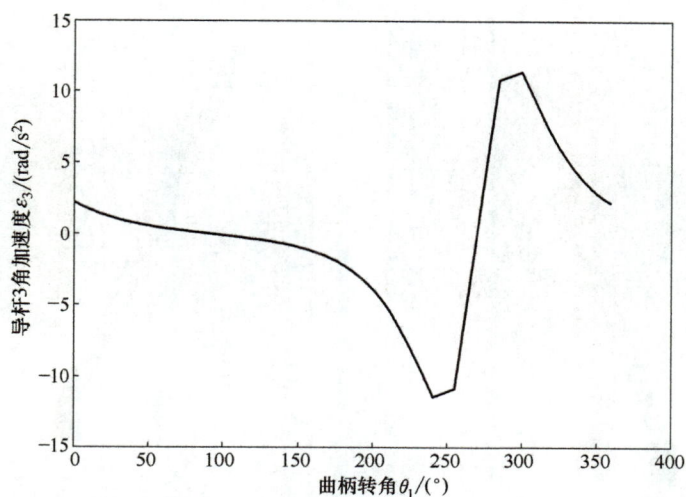

图 3-9　导杆 3 角加速度 ε_3 随曲柄转角 θ_1 变化曲线

23

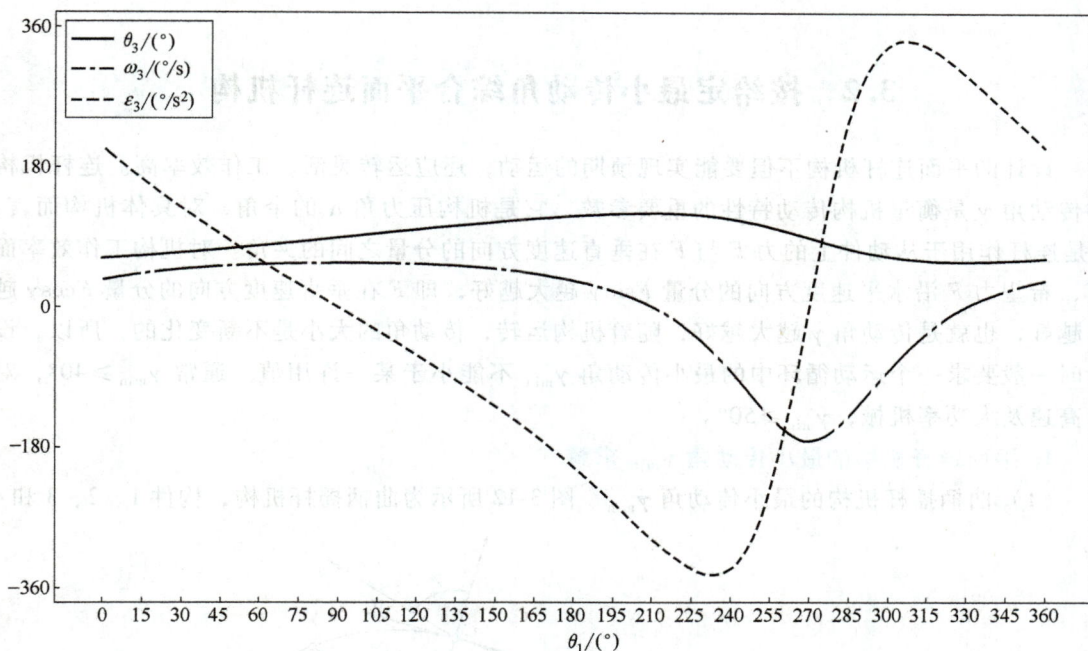

图 3-10　导杆 3 角位移 θ_3、角速度 ω_3 和角加速度 ε_3 随曲柄转角 θ_1 变化曲线

5. 建立物理模拟

通过 SOLIDWORKS 软件按比例绘制题目中的各个零件，装配后的机构物理模型如图 3-11 所示。观察运动情况得到如下四种特殊位置：当 θ_1 在 0°~210°（大致）与 330°~360°（大致）范围内运动时，导杆 3 顺时针转动，θ_3 角度变大；当 θ_1 在 210°~330°（大致）范围内运动时，导杆 3 逆时针转动，θ_3 角度变小，与图 3-7 所示曲线描述运动情况接近，进一步验证了 θ_3 求解表达式的正确性。

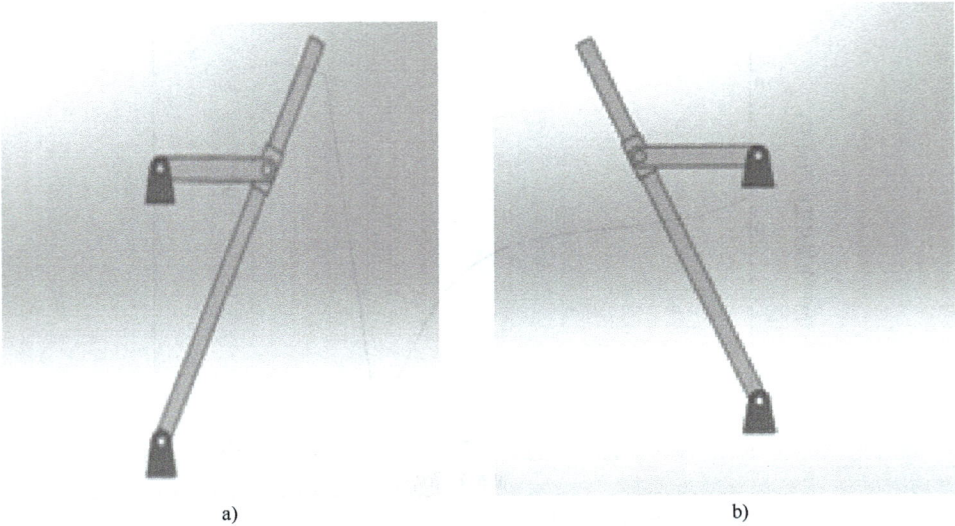

a)

b)

图 3-11　机构物理模型

3.2　按给定最小传动角综合平面连杆机构

设计的平面连杆机构不但要能实现预期的运动，还应运转灵活，工作效率高。连杆机构的传动角 γ 是衡量机构传动特性的重要参数，它是机构压力角 α 的余角，对具体机构而言，γ 是连杆作用于从动件上的力 F 与 F 在垂直速度方向的分量之间的夹角。对机构工作效率而言，希望力 F 沿水平速度方向的分量 $F\sin\gamma$ 越大越好，即 F 在垂直速度方向的分量 $F\cos\gamma$ 越小越好，也就是传动角 γ 越大越好，随着机构运转，传动角的大小是不断变化的，所以，设计时一般要求一个运动循环中的最小传动角 γ_{min} 不能小于某一许用值。通常 $\gamma_{min}\geqslant40°$，对于高速及大功率机械，$\gamma_{min}\geqslant50°$。

1. 平面连杆机构的最小传动角 γ_{min} 求解

（1）曲柄摇杆机构的最小传动角 γ_{min}　图 3-12 所示为曲柄摇杆机构，构件 1、2、3 和 4

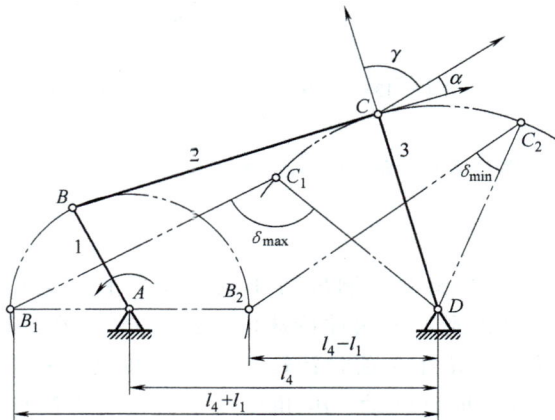

图 3-12　曲柄摇杆机构

的长度依次为 l_1、l_2、l_3、l_4；图 3-12 所示曲柄摇杆机构中标出了连杆与摇杆之间的最大夹角 δ_{max}，最小夹角 δ_{min}，根据传动角定义，最小传动角 γ_{min} 就出现在图上两个极限夹角位置中的其中一处，分别求出两处极限夹角位置处的传动角，比较大小，较小那个值即为此机构的最小传动角 γ_{min}。

由图 3-12 所示曲柄摇杆机构可知 $\delta_{min} < 90°$，此位置处的传动角

$$\gamma_1 = \delta_{min} = \arccos \frac{l_2^2 + l_3^2 - (l_4 - l_1)^2}{2l_2 l_3}$$

$\delta_{max} > 90°$，此位置处的传动角

$$\gamma_2 = 180° - \delta_{max} = 180° - \arccos \frac{l_2^2 + l_3^2 - (l_4 + l_1)^2}{2l_2 l_3}$$

$$\gamma_{min} = \min(\gamma_1, \gamma_2)$$

（2）曲柄滑块机构的最小传动角 γ_{min} 图 3-13 所示为曲柄滑块机构，曲柄与连杆长度分别为 l_1、l_2，由图 3-13 所示曲柄滑块机构可知

$$l_1 \sin\varphi_1 + e = l_2 \cos\gamma$$

当 $\varphi_1 = 90°$ 时，有传动角

$$\gamma = \gamma_{min} = \arccos \frac{l_1 + e}{l_2}$$

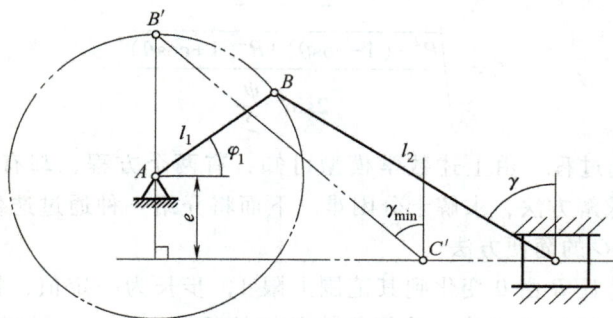

图 3-13 曲柄滑块机构

2. 按给定最小传动角综合平面连杆机构实例——游梁式抽油机连杆机构尺度综合优选方法

游梁式抽油机是一种变形的四杆机构，它是以游梁支点和曲轴中心连线做固定杆，以曲柄、连杆与游梁后臂为三个活动件的曲柄摇杆机构，该连杆机构各杆件尺寸的不同组合将会直接影响抽油机的动力性能。在其他设计参数一定的情况下，通过优选杆长组合来讨论抽油机的重要质量指标——悬点加速度的变化情况，从而进一步判断抽油机的性能优劣。

（1）尺度综合总体设计

1）数学模型建立。图 3-14 所示为尺度综合几何模型，已知极位夹角 θ、冲程 S、冲次 n、游梁前臂长度 A、游梁支点与曲轴中心之间的水平距离 I、竖直距离 H，以及曲柄长 R 的变化范围 $0 \le R \le 1$、最小传动角 $\gamma_{min} \ge 36°$。

待求参数：曲柄长度 R、连杆长度 P 及游梁后臂（摇杆）长度 C。

首先建立待求参数的数学方程。

游梁摆角

$$\psi = \arctan \frac{S}{A}$$

机架长度

$$K = \sqrt{I^2 + H^2}$$

由几何模型中的边角关系得

$$\frac{R^2 + P^2 - 2C^2 \sin^2(\psi/2)}{P^2 - R^2} - \cos\theta = 0$$

$$\arccos \frac{(P-R)^2 + K^2 - C^2}{2(P-R)K} - \arccos$$

$$\frac{(P+R)^2 + K^2 - C^2}{2(P+R)K} - \theta \frac{\pi}{180} = 0$$

综合上面各式求解得

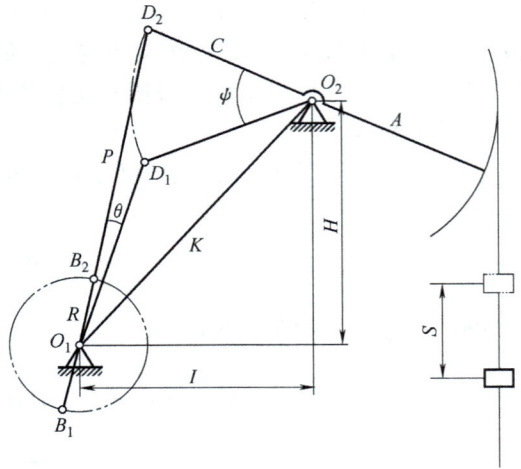

图 3-14　尺度综合几何模型

$$P = \sqrt{\frac{K^2 - \left(\dfrac{1+\cos\theta}{2\sin^2 \dfrac{\psi}{2}} - \dfrac{\sin\theta}{\tan \dfrac{\psi}{2}} - \cos\theta \right) R^2}{\dfrac{1-\cos\theta}{2\sin^2 \dfrac{\psi}{2}} + \dfrac{\sin\theta}{\tan \dfrac{\psi}{2}} + \cos\theta}}$$

$$C = \sqrt{\frac{P^2 - (1-\cos\theta) + R^2(1+\cos\theta)}{2\sin^2 \dfrac{\psi}{2}}}$$

2）尺度综合优选过程。由上述数学模型可知，有两个方程，却有三个未知数，即 R、P 和 C，可见按常规求解方法，求解十分困难。下面将介绍一种通过迭代曲柄长 R，来求解连杆及摇杆长度 P 与 C 的简便方法。

采用 Excel 软件，让 R 由 0 变化到其范围上限 1，步长为一定值，根据 P、C 表达式求解均会得到一个 P、C 值与 R 对应。连杆机构各杆件长度组合——尺度综合是有多组解的。那么这诸多组解是否都能作为抽油机连杆机构的杆长呢？并且哪组解最好呢？要解决上述问题，就必须计算四杆机构的性能指标——最小传动角 $\gamma_{\min}$，首先计算出每组尺度综合所对应的连杆机构传动角 γ_1、γ_2 及最小传动角 $\gamma_{\min}$，有

$$\gamma_1 = \arccos \frac{P^2 + C^2 - (P-R)^2}{2PC}$$

$$\gamma_2 = \arccos \frac{P^2 + C^2 - (K+R)^2}{2PC} \text{ 或 } \gamma_2 = 180° - \arccos \frac{P^2 + C^2 - (K+R)^2}{2PC}$$

$$\gamma_{\min} = \min(\gamma_1, \gamma_2)$$

并非所有解都能满足已知条件中最小传动角 $\gamma_{\min} \geqslant 36°$ 的要求，只有满足最小传动角条件的尺度综合才能作为抽油机连杆机构的杆件长度。由于最小传动角 $\gamma_{\min}$ 越大，说明机构的传力性能越好，因此最小传动角 $\gamma_{\min}$ 最大的那组尺度综合即为最优值。以这组尺度综合作为抽油机连杆机构的杆长组合是最好的选择，它样也会提高抽油机的工作性能。

（2）实例计算 一台偏置游梁式抽油机，已知极位夹角 $\theta = 12°$，冲程 $S = 1.5\text{m}$，冲次 $n = 10$ 次/min，游梁前臂长度 $A = 2.63\text{m}$，游梁支点与曲轴中心之间的水平距离 $I = 3.23\text{m}$，竖直距离 $H = 3.23\text{m}$，此外，曲柄长 $R \leqslant 1\text{m}$，最小传动角 $\gamma_{\min} \geqslant 36°$。

首先根据上述已知条件采用 Excel 软件对曲柄长 R 进行迭代计算，迭代步长为 0.052，求出一系列 P、C 值及每组尺度综合的最小传动角 $\gamma_{\min}$，实例求解尺度综合数据见表 3-1。只有满足 $\gamma_{\min} \geqslant 36°$ 条件的解才是满足设计要求的，由表 3-1 可以发现只有当 $R \geqslant 0.572\text{m}$ 时，尺度综合才能满足要求，同时根据表 3-1，还能找出最优的尺度综合是：最小传动角的值最大的那组，即曲柄 $R = 0.936\text{m}$，连杆 $P = 2.5\text{m}$，游梁后臂长度 $C = 3.44\text{m}$，机架长度 $K = 4.57\text{m}$。

表 3-1 实例求解尺度综合数据

R	P	C	K	γ_1	γ_2	最小传动角 $\gamma_{\min}$
0	3.38	1.26	4.57	22.3391	22.3391	22.339098
0.052	3.38	1.27	4.57	30.7328	13.9784	13.978387
0.104	3.37	1.31	4.57	38.8545	5.95617	5.9561693
0.156	3.36	1.36	4.57	46.4642	1.48616	1.4861632
0.208	3.34	1.44	4.57	53.4207	8.2052	8.2052008
0.26	3.32	1.54	4.57	59.6785	14.1521	14.152093
0.312	3.29	1.65	4.57	65.2621	19.3468	19.346847
0.364	3.26	1.77	4.57	70.2365	23.8486	23.848601
0.416	3.23	1.9	4.57	74.6842	27.7322	27.732243
0.468	3.18	2.03	4.57	78.6905	31.0737	31.073664
0.52	3.14	2.18	4.57	82.3365	33.9419	33.941941
0.572	3.08	2.32	4.57	85.6962	36.3959	36.395949
0.624	3.02	2.48	4.57	88.8366	38.4833	38.483345
0.676	2.95	2.63	4.57	88.1811	40.2406	40.24058
0.728	2.88	2.79	4.57	85.2991	41.6931	41.693092
0.78	2.8	2.95	4.57	82.4603	42.8552	42.855163
0.832	2.71	3.11	4.57	79.6044	43.7289	43.728944
0.884	2.61	3.27	4.57	76.6631	44.3021	44.302067
0.936	2.5	3.44	4.57	73.5518	44.5428	44.542768
0.988	2.38	3.6	4.57	70.1572	44.3903	44.39035
1.04	2.24	3.77	4.57	66.3119	43.736	43.735991

分别取最优的尺度综合解与满足要求的任意一组尺度综合解来分析抽油机的运动特性，利用 Excel 软件分别作出抽油机悬点位移、速度及加速度曲线，如图 3-15 和图 3-16 所示。

通过实例计算，得出了抽油机悬点运动曲线。由两组运动曲线对比可知，采用最优尺度综合解产生的抽油机悬点最大加速度曲线变化得更加平稳，峰值更小，从而可进一步说明采用最优尺度综合解的抽油机的运动更平稳。

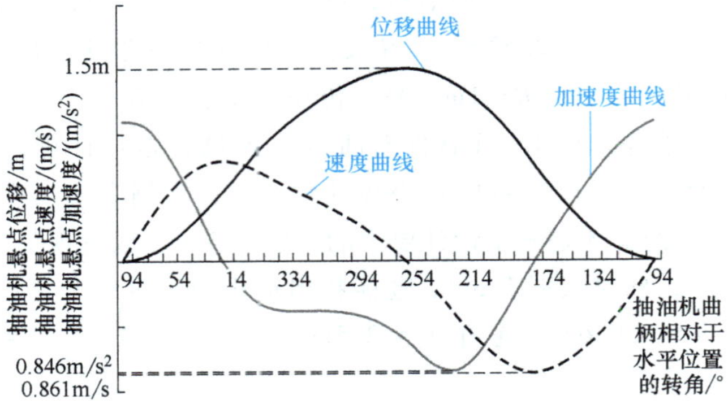

图 3-15 最优尺度综合解对应的悬点运动曲线

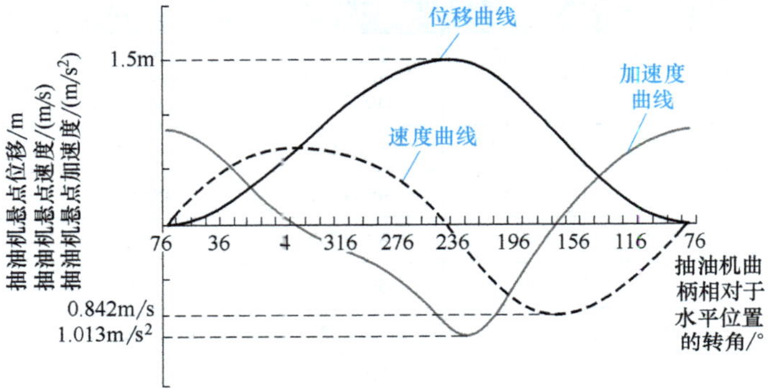

图 3-16 任意一组尺度综合解对应的悬点运动曲线

3.3 按给定的行程速度变化系数综合平面连杆机构

在综合具有急回运动的机构时，常给定行程速度变化系数 k，使得所综合的机构能保证一定的急回运动的要求。

综合平面连杆机构的方法有图解法和解析法两种。

3.3.1 综合平面连杆机构的图解法

1. 曲柄摇杆机构图解法综合

图 3-17 所示为曲柄摇杆机构综合，已知行程速度变化系数 k、摇杆摆角 ψ 和摇杆长度 l_3，要求综合一满足该要求的曲柄摇杆机构，步骤如下。

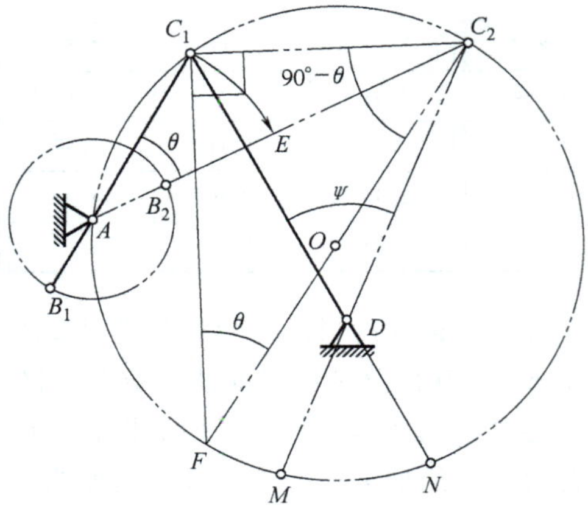

1）根据行程速度变化系数 k 求出极位夹角 θ，即 $\theta = 180° \dfrac{k-1}{k+1}$。

2）任取一点 D，以 l_3 为腰长，按比例尺为

图 3-17 曲柄摇杆机构综合

μ_l、夹角为 ψ 作摇杆的两个极限位置 DC_1 和 DC_2，$\triangle DC_1C_2$ 构成等腰三角形。

3）作射线 $C_1F\perp C_1C_2$，另作射线 C_2F 使 $\angle C_1C_2F=90°-\theta$，射线 C_1F 与 C_2F 交于点 F。作 Rt$\triangle C_1FC_2$ 的外接圆，则曲柄的回转中心 A 必在此圆上。过点 A 连接 AC_1 和 AC_2，则 $\angle C_1AC_2=\theta$。

4）设曲柄长度为 l_1，连杆长度为 l_2，机架长度为 l_4，则 $l_{AC_1}=\mu_l\overline{AC_1}$，$l_{AC_2}=\mu_l\overline{AC_2}$，曲柄长度 $l_1=(l_{AC_2}-l_{AC_1})/2$，连杆长度 $l_2=(l_{AC_1}+l_{AC_2})/2$，机架长度 $l_4=\mu_l\overline{AD}$。

同理，由于点 A 可以在外接圆上任意选取，故满足条件的解有无穷多组。但值得注意的是：图 3-17 上劣弧 $\overparen{C_1C_2}$ 和劣弧 $\overparen{MN}$ 两段弧上的点不能满足点 A 的要求，因为这两段圆弧上的点不满足运动条件且不具有运动连续性。

2. 偏置曲柄滑块机构图解法综合

图 3-18 所示为偏置曲柄滑块机构综合，已知行程速度变化系数 k、滑块行程 H 和偏心距 e，要求综合一满足该要求的偏置曲柄滑块机构，步骤如下。

1）根据行程速度变化系数 k 求出极位夹角 θ，即 $\theta=180°\dfrac{k-1}{k+1}$。

2）根据滑块行程 H 选取比例尺 μ_l 后，定出直线段 $\overline{C_1C_2}$，即 $\overline{C_1C_2}=H/\mu_l$。

3）作射线 $C_1N\perp C_1C_2$，另作射线 C_2M 使 $\angle C_1C_2M=90°-\theta$，$C_1N$ 与 C_2M 两射线交于点 P。作 Rt$\triangle C_1PC_2$ 的外接圆，则曲柄的回转中心点 A 必在此圆上。又由于偏心距 e 的要求需要满足，作线段 C_1C_2 的平行线，且与 C_1C_2 的竖直距离为 e，此线与外接圆交点即为所求点 A，连接 AC_1 和 AC_2，则 $\angle C_1AC_2=\theta$。

4）设曲柄长度为 l_1，连杆长度为 l_2，则 $l_{AC_1}=\mu_l\overline{AC_1}$，$l_{AC_2}=\mu_l\overline{AC_2}$，则曲柄长度 $l_1=(l_{AC_2}-l_{AC_1})/2$，连杆长度 $l_2=(l_{AC_1}+l_{AC_2})/2$。

3. 摆动导杆机构图解法综合

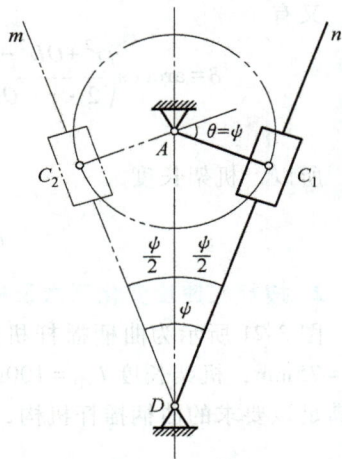

图 3-19 所示为摆动导杆机构综合，已知行程速度变化系数 k、机架长度 d，要求综合一满足该要求的摆动导杆机构，步骤如下：

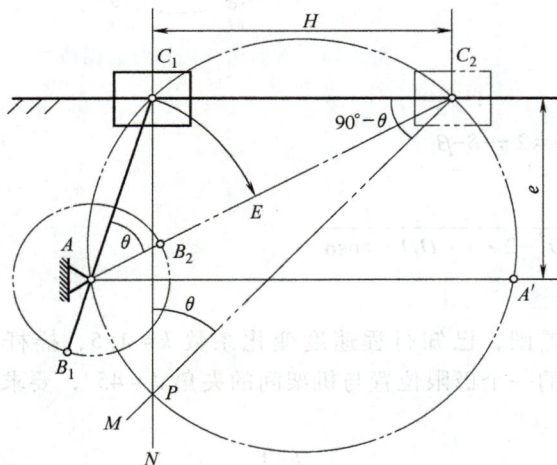

图 3-18 偏置曲柄滑块机构综合   图 3-19 摆动导杆机构综合

1）根据行程速度变化系数 k 求出极位夹角 θ，即 $\theta = 180° \dfrac{k-1}{k+1}$。

2）任取一点 D，作 $\angle mDn = \psi = \theta$，作导杆的两个极限位置 mD 和 nD。作 $\angle mDn$ 的角平分线，选取比例尺 μ_l，再根据机架长度 d 的要求，确定角平分线上的点 A。

3）过点 A 分别作导杆两极限位置 mD 和 nD 的垂线 AC_1 和 AC_2。

4）设曲柄长度 l_1，则 $l_1 = l_{AC_1} = \mu_l \overline{AC_1}$。

3.3.2　综合平面连杆机构的解析法

1. 按行程速度变化系数及曲柄（或连杆）杆长综合法

图 3-20 所示为曲柄摇杆机构综合图解法，已知行程速度变化系数 k、摇杆摆角 ψ、曲柄长度 l_1 及摇杆长度 l_3，要求综合一满足该要求的曲柄摇杆机构，步骤如下。

由图 3-20 可知：$C_1C_2 = 2l_3\sin(\psi/2)$，外接圆半径 $r = OC_2 = \dfrac{C_1C_2}{2\sin\theta}$，线段 $OD = |l_3\cos(\psi/2) - r\cos\theta|$，则在 $\triangle AC_1C_2$ 中，有

$$[2l_3\sin(\psi/2)]^2 = (l_2 - l_1)^2 + (l_2 + l_1)^2 - 2(l_2^2 - l_1^2)\cos\theta$$

整理得连杆长度

$$l_2 = \sqrt{\dfrac{4l_3^2\sin^2\dfrac{\psi}{2} - 2l_1^2(1+\cos\theta)}{2(1-\cos\theta)}}$$

若已知连杆长度 l_2，则曲柄长度

$$l_1 = \sqrt{\dfrac{4l_3^2\sin^2\dfrac{\psi}{2} - 2l_2^2(1-\cos\theta)}{2(1+\cos\theta)}}$$

$$\beta = 2\arcsin\left(\dfrac{l_1 + l_2}{2r}\right)$$

又有

$$\delta = \arccos\left(\dfrac{r^2 + OD^2 - l_3^2}{2 \cdot r \cdot OD}\right)$$

$$\alpha = 2\pi - \delta - \beta$$

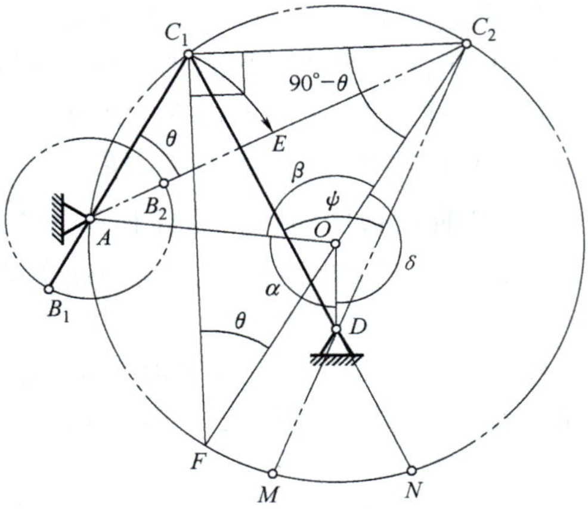

所以，机架长度

$$l_4 = \sqrt{r^2 + OD^2 - 2 \cdot r \cdot OD \cdot \cos\alpha}$$

图 3-20　曲柄摇杆机构综合图解法

2. 按行程速度变化系数及机架长综合法

图 3-21 所示为曲柄摇杆机构极限位置图，已知行程速度变化系数 $k = 1.5$，摇杆长度 $l_{CD} = 75\text{mm}$，机架长度 $l_{AD} = 100\text{mm}$，摇杆的一个极限位置与机架间的夹角 $\psi = 45°$，要求综合一满足该要求的曲柄摇杆机构，步骤如下。

首先根据行程速度变化系数 k 求出极位夹角 θ，即 $\theta = 180° \dfrac{k-1}{k+1} = 36°$，在 $\triangle AC_1D$ 中

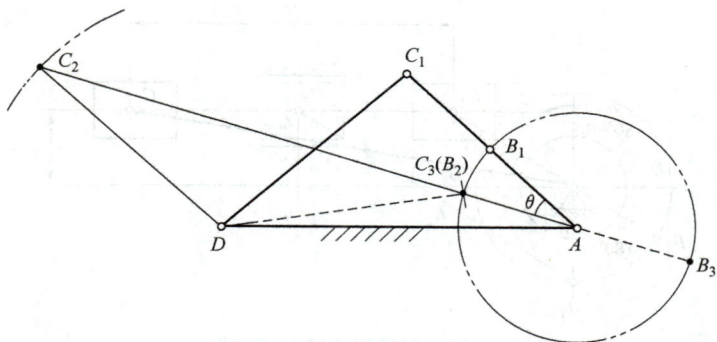

图 3-21 曲柄摇杆机构极限位置图

$$\cos \angle C_1 DA = \cos 45° = \frac{\sqrt{2}}{2} = \frac{l_{AD}^2 + l_{DC_1}^2 - l_{AC_1}^2}{2 l_{AD} \cdot l_{DC_1}}$$

将具体数值代入上式求得

$$l_{AC_1} = 70.84 \text{mm}, \quad \angle C_1 AD = \arccos 0.66 = 48.7°$$

$$\angle C_2 AD = \angle C_1 AD - \theta = 48.7° - 36° = 12.7°$$

在 $\triangle AC_2 D$ 中，

$$\cos \angle C_2 AD = \cos 12.7° = \frac{l_{AD}^2 + l_{DC_2}^2 - l_{AC_2}^2}{2 l_{AD} \cdot l_{DC_2}}$$

将具体数值代入上式求得：

$$l_{AC_2} = 170.31 \text{mm} \quad \text{或} \quad l_{AC_2} = 25.69 \text{mm}$$

当 $l_{AC_2} = 170.31 \text{mm}$ 时，曲柄长度

$$l_{AB} = (l_{AC_2} - l_{AC_1})/2 = 49.735 \text{mm}$$

连杆长度

$$l_{BC} = (l_{AC_1} + l_{AC_2})/2 = 120.575 \text{mm}$$

当 $l_{AC_2} = 25.69 \text{mm}$ 时，曲柄长度

$$l_{AB} = (l_{AC_1} - l_{AC_2})/2 = 22.575 \text{mm}$$

连杆长度

$$l_{BC} = (l_{AC_1} + l_{AC_2})/2 = 48.265 \text{mm}$$

此处曲柄摇杆机构综合有两解。

3.3.3 基于 MS Mathematics 曲柄滑块机构分析综合

MS Mathematics（Microsoft Mathematics）是 Microsoft 公司推出的图形化计算分析软件，具有强大的解方程组和绘制曲线函数的功能。利用该软件能显示运动轨迹及进行参数化分析，对往复泵动力端中的传动机构——曲柄滑块机构进行尺度综合及运动仿真，为工程实践设计提供可靠依据。

1. 建立数学模型

往复泵动力端采用的正偏置曲柄滑块机构，尺度综合的几何模型如图 3-22 所示。

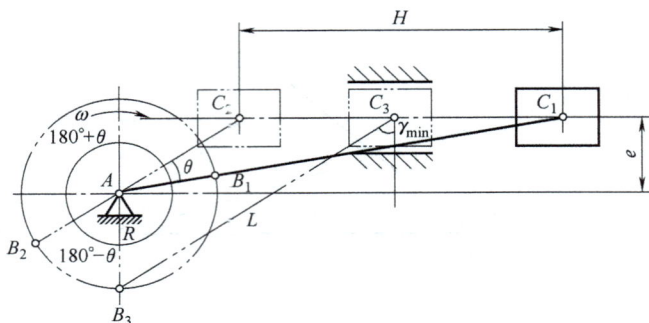

图 3-22 尺度综合的几何模型

设连杆长度为 L（m），曲柄长度为 R（m），滑块行程为 H（m），偏心距为 e（m），C_1、C_2 为滑块的两个极限位置，所对应的极位夹角为 θ。在 $\triangle AC_1C_2$ 中，应用余弦定理、正弦定理得到

$$(L-R)^2+(L+R)^2-2(L-R)(L+R)\cos\theta=H^2 \tag{3-7}$$

$$(L^2-R^2)\sin\theta=eH \tag{3-8}$$

当曲柄转到 AB_3 位置时，压力角达到最大，此时传动角的值最小 $\gamma_{\min}$，即

$$\cos\gamma_{\min}=\frac{R+e}{L} \tag{3-9}$$

另外，偏置曲柄滑块机构曲柄存在条件是

$$L>R+e \tag{3-10}$$

2. 尺度综合优化过程

采用 MS Mathematics 软件对上述建立的数学模型进行分析，首先将式（3-7）～式（3-10）中的 R 与 L 分别用 x 和 y 表示，e 用 c 表示（因为 e 在软件中用作自然对数的底数），H 用 h 表示，并通过方程输入及图形控制界面将式（3-7）～式（3-10）逐一输入，给定 $\gamma_{\min}=75°$，图 3-23 所示为方程输入及图形控制界面。

由于 MS Mathematics 软件本身只能具有两个待求参数 x、y，其他参数为动态可调参数，如图 3-23 所示可以认为 c、h 和 θ 为可调参数。当设计要求的参数设定好后，再动态设置可调参数，使式（3-7）～式（3-9）产生的曲线 1、2、3 相交于一点，而且为了满足式（3-10）的要求，上述曲线的交汇点必须位于由式（3-10）得到的曲线 4 之上，这就表明获得了解析解，如图 3-24 所示。交点坐标即为曲柄长度和连杆长度。若改变图形控制界面中的参数 θ，而其他参数不变时，上述三条曲线不会相交于一点，如图 3-25 所示，则说明此机构不符合设计要求。

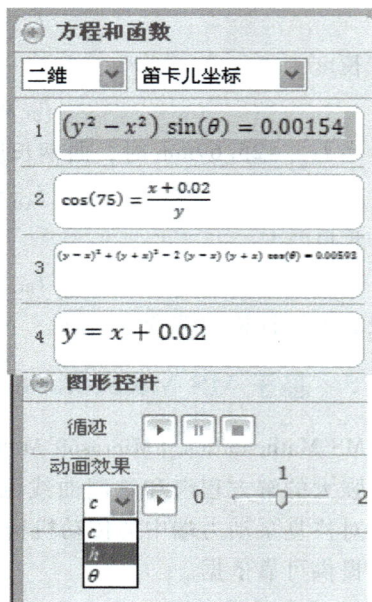

图 3-23 方程输入及图形控制界面

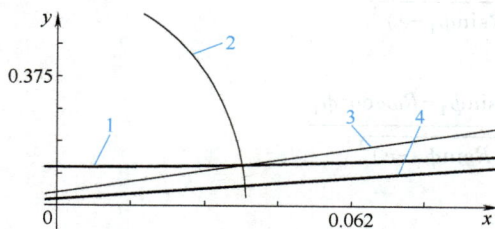

图 3-24 机构尺度综合设计曲线

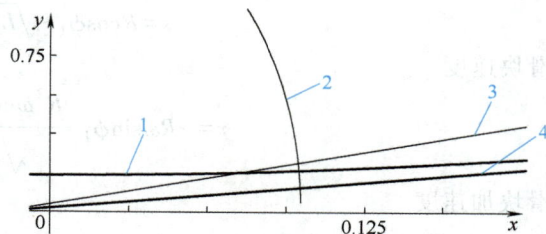

图 3-25 机构不符合设计要求的曲线

但在一定范围内调节滑块行程 H 与偏心距 e 的大小，仍可以使得上述三条曲线交于一点，分别如图 3-26 和图 3-27 所示，表明符合设计要求的尺度综合解析解有多组值，到底哪组值最好，能符合设计要求？还得借助于往复泵的设计要求，即连杆比 $\lambda = \dfrac{R}{L} < \dfrac{1}{4}$，以及偏置比 $\xi = \dfrac{e}{L} = 0 \sim 0.2$ 来判定，择优选取尺度综合值。需要说明的是，图 3-25~图 3-27 中数字 1 代表式（3-8）得到的曲线，数字 2 代表式（3-7）得到的曲线，数字 3、4 分别代表式（3-9）和式（3-10）得到的曲线。

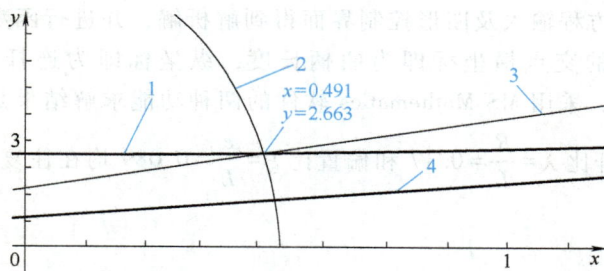

图 3-26 调节滑块行程 H 的设计曲线

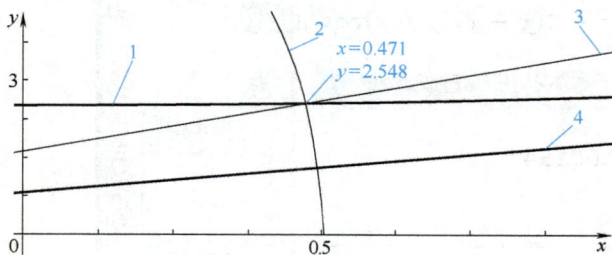

图 3-27 调节偏心距 e 的设计曲线

3. 曲柄滑块机构运动仿真

往复泵曲柄滑块机构运动分析几何模型如图 3-28 所示。

由图 3-28 所示运动分析的几何模型可建立如下数学运动方程式。滑块位移

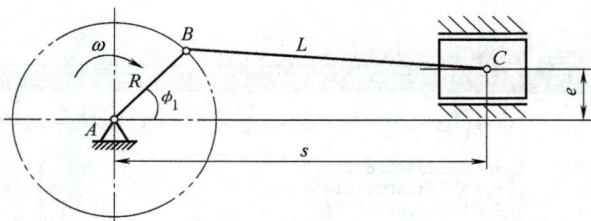

图 3-28 运动分析的几何模型

$$s = R\cos\phi_1 + \sqrt{L^2 - (R\sin\phi_1 - e)^2}$$

滑块速度

$$v = -R\omega\sin\phi_1 - \frac{R^2\omega\cos\phi_1\sin\phi_1 - R\omega e\cos\phi_1}{\sqrt{L^2 - (R\sin\phi_1 - e)^2}}$$

滑块加速度

$$a = -R\omega^2\cos\phi_1 - \frac{R^2\omega^2(\cos\phi_1)^2}{\sqrt{L^2 - (R\sin\phi_1 - e)^2}} + \frac{R\omega^2\sin\phi_1(R\sin\phi_1 - e)}{\sqrt{L^2 - (R\sin\phi_1 - e)^2}} - \frac{R^2\omega^2(\cos\phi_1)^2(R\sin\phi_1 - e)^2}{\sqrt{[L^2 - (R\sin\phi_1 - e)^2]^3}}$$

利用 MS Mathematics 软件对机构进行运动仿真的实现过程与前面设计尺度综合过程类似。分别将上述滑块位移、速度及加速度方程逐一输入，绘制三条曲线，再动态设定杆长等参数值，并设定仿真时间，即可进行运动仿真。

4. 实例计算

已知往复泵滑块行程 $H = 77.07\text{mm}$，偏心距 $e = 20\text{mm}$，最大压力角 $\alpha_{\max} = 15°$。

首先利用 MS Mathematics 软件中的方程求解器对式（3-7）~式（3-9）进行求解，如图 3-29 所示，得到曲柄长度 $R = 38.35\text{mm}$，连杆长度 $L = 225.44\text{mm}$，极位夹角 $\theta = 1.788°$。再利用图 3-23 所示的方程输入及图形控制界面得到解析解，并进行函数绘图求解如图 3-30 所示，曲线 1、2、3 的交点横坐标即为曲柄长度，纵坐标即为连杆长度。从图 3-29 和图 3-30 可以清楚看到，采用 MS Mathematics 软件的两种功能求解结果是基本一致的。对结果进行分析发现其连杆比 $\lambda = \dfrac{R}{L} = 0.17$ 和偏置比 $\xi = \dfrac{e}{L} = 0.089$ 均在往复泵的设计要求之内，可见此组解是可行的。

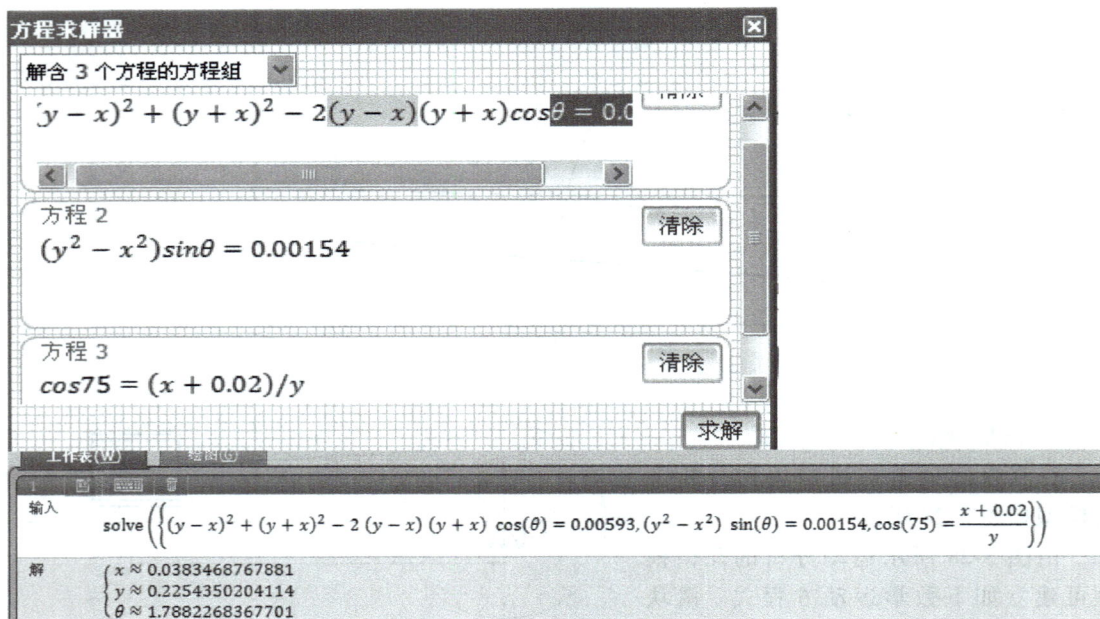

图 3-29 方程求解器求解界面

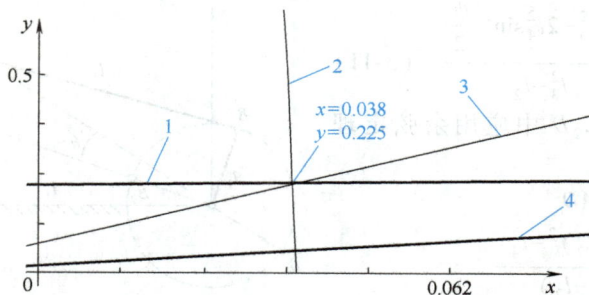

图 3-30 MS Mathematics 软件函数绘图求解界面

利用上面得到的尺度综合数据：曲柄长度 $R=38.35\mathrm{mm}$，连杆长度 $L=225.44\mathrm{mm}$，极位夹角 $\theta=1.788°$，滑块行程 $H=77.07\mathrm{mm}$，偏心距 $e=20\mathrm{mm}$，最小传动角 $\gamma_{\min}=75°$，假设 $\omega=2\mathrm{rad/s}$，仿真时间定为 4s，对此曲柄滑块机构进行仿真，得到如图 3-31 所示的仿真曲线。

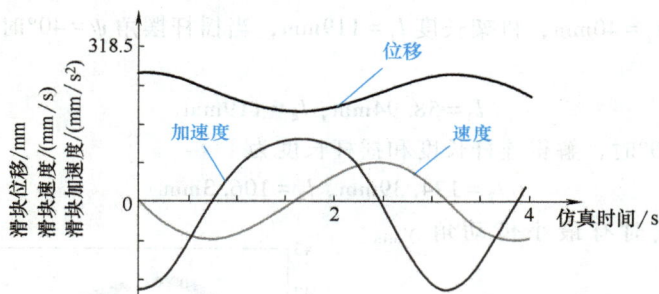

图 3-31 滑块位移、速度及加速度仿真曲线

5. 结论

1）采用 MS Mathematics 软件对往复泵动力端的曲柄滑块机构进行了参数化解析设计，可以较快且较精确地获得多组满足设计要求的结果，分别对以上求得的多组解进行运动仿真，综合运动特性，从中选择最优解。

2）采用 MS Mathematics 软件进行机构的运动仿真非常快捷简单，结果数据也比较精确。这为对机构进行进一步动力学研究奠定了基础。

3.4 平面连杆机构计算机辅助设计示例——苦草种植装置连杆机构分析与综合

1. 苦草种植装置连杆机构综合

苦草种植装置连杆机构工作原理图如图 3-32 所示，行程速度变化系数 k 和极位夹角 θ 的关系式为

$$k=\frac{180°+\theta}{180°-\theta}$$

如图 3-32 所示曲柄摇杆机构中，设机架长度为 l_1，曲柄长度为 l_2，连杆长度为 l_3，摇杆长度为 l_4，摇杆摆角为 ψ，根据几何关系有

$$\theta = \arccos \frac{l_2^2 + l_3^2 - 2l_4^2 \sin^2 \frac{\psi}{2}}{l_3^2 - l_2^2} \quad (3\text{-}11)$$

在 $\triangle AC_1D$ 和 $\triangle AC_2D$ 中应用余弦定理得到

$$\theta = \angle C_1AD - \angle C_2AD$$

$$= \arccos \frac{l_1^2 + (l_3 - l_2)^2 - l_4^2}{2l_1(l_3 - l_2)} -$$

$$\arccos \frac{l_1^2 + (l_3 + l_2)^2 - l_4^2}{2l_1(l_3 + l_2)} \quad (3\text{-}12)$$

设行程速度变化系数 $k = 1.25$，得到极位夹角

$$\theta = 180° \frac{k-1}{k+1} = 20°$$

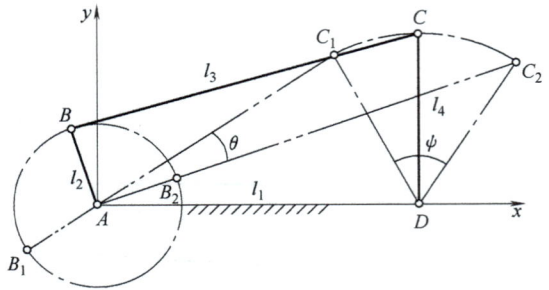

图 3-32　苦草种植装置连杆机构工作原理图

已知曲柄长度 $l_2 = 40\text{mm}$，机架长度 $l_1 = 119\text{mm}$，当摇杆摆角 $\psi = 40°$ 时，解得连杆长度和摇杆长度为

$$l_3 = 53.94\text{mm}, \quad l_4 = 119\text{mm}$$

当取摇杆摆角 $\psi = 50°$ 时，解得连杆长度和摇杆长度为

$$l_3 = 124.39\text{mm}, \quad l_4 = 106.3\text{mm}$$

当曲柄和机架共线时有最小传动角 $\gamma_{\min}$ 时，有

$$\gamma_1 = \arccos \frac{l_3^2 + l_4^2 - (l_2 + l_1)^2}{2l_3 l_4}$$

$$\gamma_2 = \arccos \frac{l_3^2 + l_4^2 - (l_2 - l_1)^2}{2l_3 l_4}$$

$$\gamma_{\min} = \min(\gamma_1, \gamma_2)$$

按摇杆摆角 $\psi = [40°, 50°]$，通过 MATLAB 软件计算最小传动角 $\gamma_{\min}$，摇杆摆角 ψ 与最小传动角 $\gamma_{\min}$ 关系图，如图 3-33 所示。

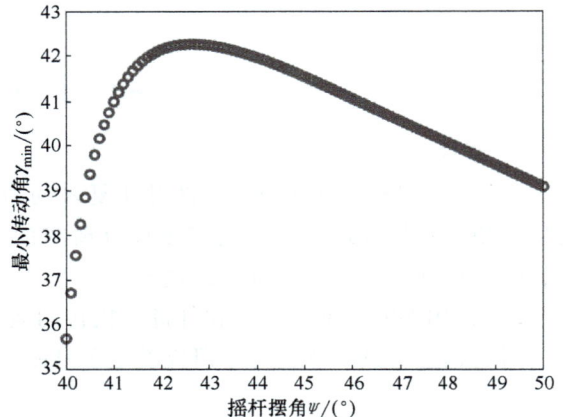

图 3-33　摇杆摆角 ψ 与最小传动角 γ 关系图

由图 3-33 可知，当摇杆摆角 $\psi = 42.6°$ 时，最小传动角的最大值 $\gamma_{\min} = 42.25°$，对应的曲柄摇杆机构尺寸也是最优组合。将具体数值代入式（3-11）和式（3-12）得到连杆长度 $l_3 = 92.71\text{mm}$，摇杆长度 $l_4 = 117.15\text{mm}$，各杆件尺寸见表 3-2。

表 3-2　曲柄摇杆机构最优尺寸参数表

曲柄长度 l_2/mm	连杆长度 l_3/mm	摇杆长度 l_4/mm	机架长度 l_1/mm
40	92.71	117.15	119

2. 苦草种植装置中植苗机构运动曲线分析

设抓苗点为点 P，利用 MATLAB 软件对点 P 的运动轨迹进行分析，参数输入前的初始界面如图 3-34 所示。

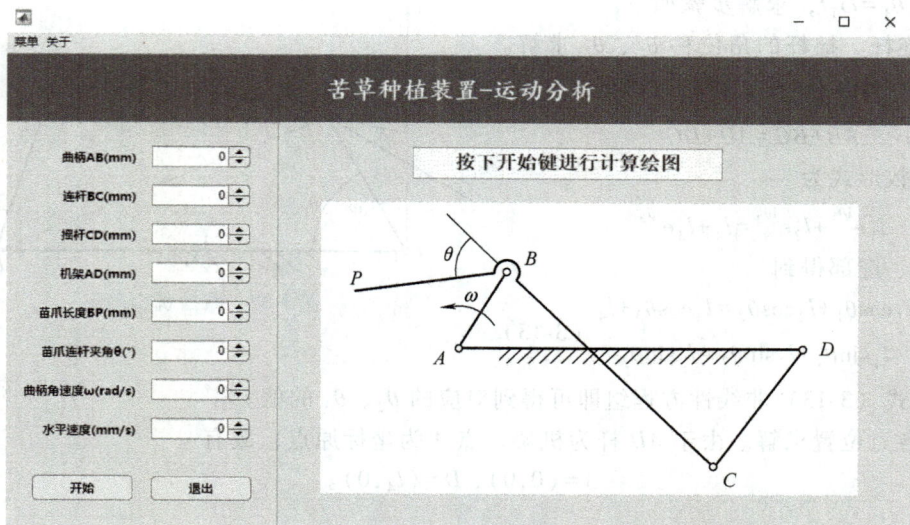

图 3-34　参数输入前的初始界面

绘制出不同苗爪长度时点 P 的运动轨迹，如图 3-35 所示，从左往右依次为苗爪长度为 300mm、280mm、260mm、240mm、220mm、200mm 对应的点 P 的运动轨迹，以及不同 θ 角（指 $\overrightarrow{BP}$ 和 $\overrightarrow{CB}$ 夹角，如图 3-34 所示）时点 P 的运动轨迹，如图 3-36 所示，从上往下依次为 θ 角为 50°、60°、70°、80°、90°时对应的点 P 的运动轨迹。

图 3-35　不同苗爪长度时点 P 的运动轨迹

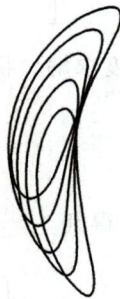

图 3-36　不同 θ 角时点 P 的运动轨迹

从图 3-35 中可以看出苗爪长度越长，点 P 的运动轨迹也就越扁平；苗爪的长度越短，点 P 的运动轨迹就越接近圆形。而从图 3-36 中可以看出 θ 角越大，点 P 的运动轨迹的下方越"尖"；θ 角越小，点 P 的运动轨迹的下方越"胖"。为了保证种植的成功率，以及防止苦草的倒伏，点 P 的运动轨迹应尽可能扁平，下方尽可能"尖"，结合装置整体的尺寸及上述抓苗点 P 的运动轨迹分析，取苗爪长度为 286mm，夹角 θ 为 88.62°。

3. 基于 MATLAB 软件的植苗机构仿真与优化

（1）植苗机构的运动学分析　图 3-37 所示为植苗机构简图，其中，AB 杆为曲柄，BC 杆为连杆，BP 杆为苗爪，CD 杆为摇杆，AD 杆为机架。记1、2、3杆与 x 轴正方向夹角分别为 θ_1、θ_2、θ_3，记 θ 角为 $\overrightarrow{BP}$ 和 $\overrightarrow{CB}$ 顺时针方向夹角，曲柄角速度为 ω_1，水平速度为 v。首先在不考虑水平速度的情况下计算需要的参数，然后对其修正。

易知 $\theta_1 = \omega_1 t$，求解步骤如下。

1）连杆、摇杆的角位移 θ_2、θ_3 求解。在封闭图形 $ABCDA$ 中，得到封闭矢量方程

$$\overrightarrow{AB} + \overrightarrow{BC} = \overrightarrow{AD} + \overrightarrow{DC}$$

改写成复数形式为

$$l_1 e^{i\theta_1} + l_2 e^{i\theta_2} = l_4 + l_3 e^{i\theta_3}$$

分离实部、虚部得到

$$\begin{cases} l_1\cos\theta_1 + l_2\cos\theta_2 = l_3\cos\theta_3 + l_4 \\ l_1\sin\theta_1 + l_2\sin\theta_2 = l_3\sin\theta_3 \end{cases} \quad (3\text{-}13)$$

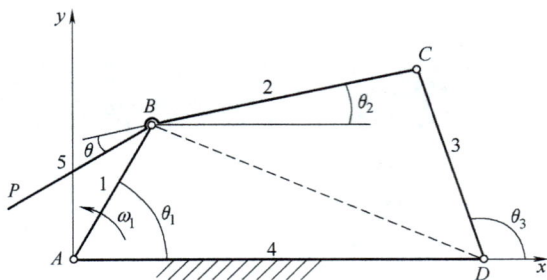

图 3-37　植苗机构简图

求解式（3-13）非线性方程组即可得到对应的 θ_2、θ_3 的值。

2）各点位置求解。由于 AD 杆为机架，点 A 为坐标原点，故有

$$A = (0,0)，D = (l_4,0)。$$

点 B 坐标为

$$B(l_1\cos\theta_1, l_1\sin\theta_1)$$

点 C 坐标为

$$C(l_1\cos\theta_1 + l_2\cos\theta_2, l_1\sin\theta_1 + l_2\sin\theta_2)$$

点 P 坐标为

$$\begin{cases} P = \overrightarrow{AB} + \overrightarrow{BP} = (l_1\cos\theta_1 + l_5\cos\theta_P, l_1\sin\theta_1 + l_5\sin\theta_P) \\ \theta_P = \theta_2 + \pi + \theta \end{cases} \quad (3\text{-}14)$$

3）各杆件速度求解。将式（3-13）对时间 t 求导，得到

$$\begin{cases} l_1\omega_1\sin\theta_1 + l_2\omega_2\sin\theta_2 = l_3\omega_3\sin\theta_3 \\ l_1\omega_1\cos\theta_1 + l_2\omega_2\cos\theta_2 = l_3\omega_3\cos\theta_3 \end{cases}$$

改写成矩阵形式，得到

$$\begin{pmatrix} -l_2\sin\theta_2 & l_3\sin\theta_3 \\ -l_2\cos\theta_2 & l_3\cos\theta_3 \end{pmatrix} \begin{pmatrix} \omega_2 \\ \omega_3 \end{pmatrix} = \omega_1 \begin{pmatrix} l_1\sin\theta_1 \\ l_1\cos\theta_1 \end{pmatrix}$$

求解上述线性方程组即可得到连杆、摇杆的角速度 ω_2、ω_3 的值。

4）点 P 速度求解。将式（3-14）对时间 t 求导，得到

$$\begin{cases} \overrightarrow{v_P} = (l_1\omega_1\sin\theta_1 + l_5\omega_P\sin\theta_P, l_1\omega_1\cos\theta_1 + l_5\omega_P\cos\theta_P) \\ \omega_P = \omega_2 \end{cases} \quad (3\text{-}15)$$

$$\|\overrightarrow{v_P}\| = \sqrt{(l_1\omega_1\sin\theta_1 + l_5\omega_P\sin\theta_P)^2 + (l_1\omega_1\cos\theta_1 + l_5\omega_P\cos\theta_P)^2} \quad (3\text{-}16)$$

5）各杆件加速度求解。将式（3-13）对时间 t 求导两次，得到

$$\begin{cases} l_1\omega_1^2\cos\theta_1 + l_1\varepsilon_1\sin\theta_1 + l_2\omega_2^2\cos\theta_2 + l_2\varepsilon_2\sin\theta_2 = l_3\omega_3^2\cos\theta_3 + l_3\varepsilon_3\sin\theta_3 \\ -l_1\omega_1^2\sin\theta_1 + l_1\varepsilon_1\cos\theta_1 - l_2\omega_2^2\sin\theta_2 + l_2\varepsilon_2\cos\theta_2 = l_3\omega_3^2\sin\theta_3 - l_3\varepsilon_3\cos\theta_3 \end{cases}$$

改写成矩阵形式，得到

$$\begin{pmatrix} -l_2\sin\theta_2 & l_3\sin\theta_3 \\ l_2\cos\theta_2 & l_3\cos\theta_3 \end{pmatrix}\begin{pmatrix} \varepsilon_2 \\ \varepsilon_3 \end{pmatrix} + \begin{pmatrix} -l_2\omega_2\cos\theta_2 & l_3\omega_3\cos\theta_3 \\ -l_2\omega_2\sin\theta_2 & -l_3\omega_3\sin\theta_3 \end{pmatrix}\begin{pmatrix} \omega_2 \\ \omega_3 \end{pmatrix} = \omega_1^2\begin{pmatrix} l_1\cos\theta_1 \\ l_1\sin\theta_1 \end{pmatrix} + \varepsilon_1\begin{pmatrix} l_1\sin\theta_1 \\ -l_1\cos\theta_1 \end{pmatrix}$$

当曲柄角加速度 $\varepsilon_1 = 0$ 时，即

$$\begin{pmatrix} -l_2\sin\theta_2 & l_3\sin\theta_3 \\ l_2\cos\theta_2 & l_3\cos\theta_3 \end{pmatrix}\begin{pmatrix} \varepsilon_2 \\ \varepsilon_3 \end{pmatrix} + \begin{pmatrix} -l_2\omega_2\cos\theta_2 & l_3\omega_3\cos\theta_3 \\ -l_2\omega_2\sin\theta_2 & -l_3\omega_3\sin\theta_3 \end{pmatrix}\begin{pmatrix} \omega_2 \\ \omega_3 \end{pmatrix} = \omega_1^2\begin{pmatrix} l_1\cos\theta_1 \\ l_1\sin\theta_1 \end{pmatrix}$$

求解上述线性方程组即可得到连杆、摇杆的角加速度 ε_2、ε_3 的值。

6）点 P 加速度求解。记

$$\vec{a_P} = (a_{P_x}, a_{P_y})$$

将式（3-14）对时间 t 求导两次，得到

$$\begin{cases} a_{P_x} = l_1\omega_1^2\cos\theta_1 + l_1\varepsilon_1\sin\theta_1 + l_5\omega_2^2\cos\theta_P + l_5\varepsilon_2\sin\theta_P \\ a_{P_y} = -l_1\omega_1^2\sin\theta_1 + l_1\varepsilon_1\cos\theta_1 - l_5\omega_2^2\sin\theta_P + l_5\varepsilon_2\cos\theta_P \end{cases}$$

当 $\varepsilon_1 = 0$ 时，即

$$\begin{cases} a_{P_x} = l_1\omega_1^2\cos\theta_1 + l_5\omega_2^2\cos\theta_P + l_5\varepsilon_2\sin\theta_P \\ a_{P_y} = -l_1\omega_1^2\sin\theta_1 - l_5\omega_2^2\sin\theta_P + l_5\varepsilon_2\cos\theta_P \end{cases}$$

$$\|\vec{a_P}\| = \sqrt{a_{P_x}^2 + a_{P_y}^2}$$

7）点 P 位置、速度修正求解。整体移动距离

$$\Delta x = v \cdot t \tag{3-17}$$

由式（3-14）和式（3-17）可得点 P 修正后轨迹为

$$\begin{cases} P' = (l_1\cos\theta_1 + l_5\cos\theta_P + \Delta x, l_1\sin\theta_1 + l_5\sin\theta_P) \\ \theta_P = \theta_2 + \pi + \theta \end{cases} \tag{3-18}$$

由式（3-15）和式（3-16）可得点 P 修正后速度为

$$\begin{cases} \vec{v_P'} = (l_1\omega_1\sin\theta_1 + l_5\omega_P\sin\theta_P + v, l_1\omega_1\cos\theta_1 + l_5\omega_P\cos\theta_P) \\ \omega_P = \omega_2 \end{cases}$$

$$\|\vec{v_P'}\| = \sqrt{(l_1\omega_1\sin\theta_1 + l_5\omega_P\sin\theta_P + v)^2 + (l_1\omega_1\cos\theta_1 + l_5\omega_P\cos\theta_P)^2} \tag{3-19}$$

（2）基于 MATLAB 软件进行植苗机构仿真的设计思路及流程图　设计思路：输入 8 个已知参数，初始值均为 0。已知参数包括 6 个几何参数（曲柄长度、连杆长度、摇杆长度、机架长度、苗爪长度、苗爪连杆夹角）和 2 个运动参数（曲柄角速度、水平速度）。通过式（3-13）和式（3-14）可以计算不同的曲柄转角 θ_1 对应的各杆件的位置，即可绘制动画和点 P 的运动轨迹，再通过式（3-13），将角度转换成不同时刻，即可绘制出一个周期内，点 P 速度角速度关于时间 t 的曲线，再利用式（3-18）和式（3-19）即可绘制出考虑水平速度情况下，点 P 的运动轨迹和相应速度曲线。图 3-38 所示为植苗机构仿真流程图。

```
                        ┌──────────┐
                        │   开始    │
                        └──────────┘
                             │
                             ▼
              ┌─────────────────────────────────────┐
              │ 输入参数：l_AB, l_BC, l_CD, l_AD, l_BP, θ, ω_1, v │
              └─────────────────────────────────────┘
                             │
                             ▼
                    ╱─────────────────╲         N
                   ╱ l_AB>0, l_BC>0,    ╲─────────→
                   ╲ l_CD>0, l_AD>0,    ╱
                    ╲  l_BP>0?         ╱
                     ╲───────────────╱
                          │ Y
                          ▼
                    ╱─────────────────╲         N
                   ╱ 杆长条件是否构成四边形? ╲────→
                    ╲───────────────╱
                          │ Y
                          ▼
                    ╱─────────────────╲         N
                   ╱ 是否为曲柄摇杆机构?   ╲─────→
                    ╲───────────────╱
                          │ Y
                          ▼
                       ┌───────┐
                       │ i = 0 │
                       └───────┘
                          │
                          ▼
              ┌─────────────────────────┐
              │ 按各杆件运动规律计算各        │
              │ 杆件位移、速度、加速度        │
              └─────────────────────────┘
                          │
                          ▼
              ┌─────────────────────────┐        ┌─────────┐
              │ 计算A、B、C、D、P各点         │        │ i = i+1 │
              │ 位置                       │        └─────────┘
              └─────────────────────────┘
                          │
                          ▼
                    ╱───────────╲          N
                   ╱  i≥360?     ╲──────────→
                    ╲───────────╱
                          │ Y
                          ▼
              ┌─────────────────────────┐
              │ 绘制点P运动轨迹曲线、        │
              │ 点P速度和加速度曲线、        │
              │ 机构运动简图                │
              └─────────────────────────┘
                          │
                          ▼
                    ┌──────────┐
                    │   结束    │
                    └──────────┘
```

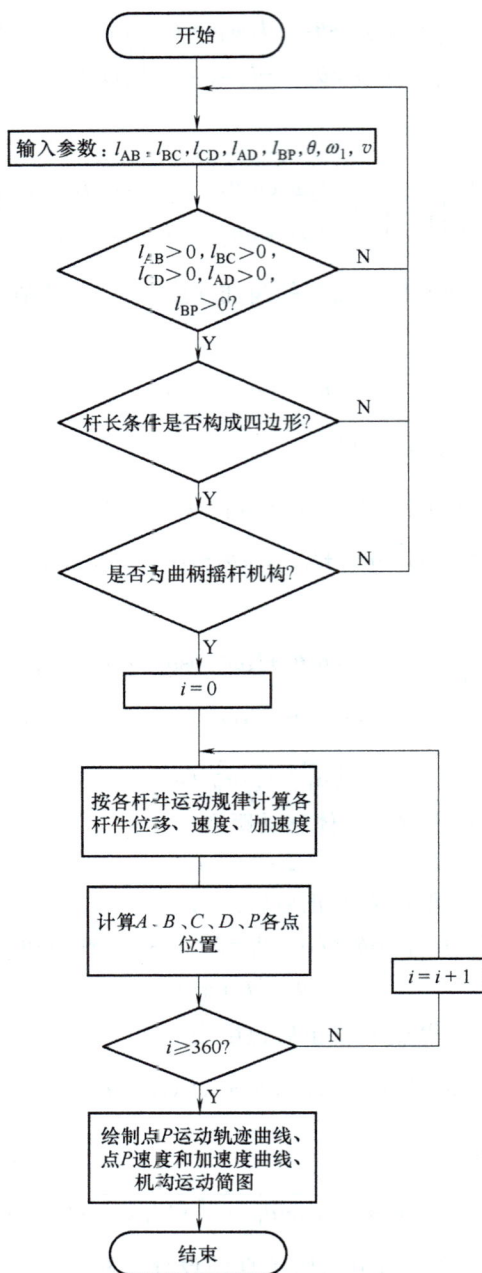

图 3-38　植苗机构仿真流程图

（3）MATLAB 软件仿真结果分析　将本次设计参数输入 MATLAB 软件，曲柄长度 l_{AB}、连杆长度 l_{BC}、摇杆长度 l_{CD} 和机架长度 l_{AD} 见表 3-2，苗爪长度 l_{BD} 为 286mm，苗爪连杆夹角 θ 为 88.62°，曲柄转速 n 为 30r/min，水平速度 v 为 10mm/s。MATLAB 软件 8 个设计参数输入初始界面如图 3-39 所示，左侧为参数输入区，右侧为结果输出区。

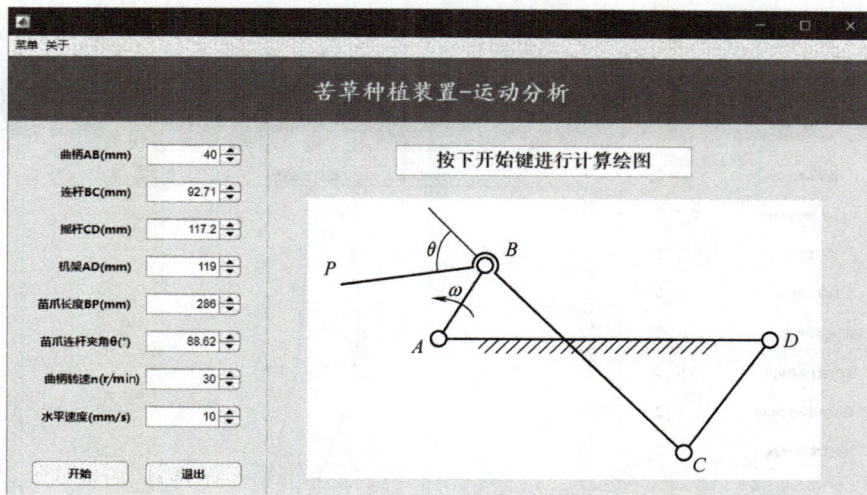

图 3-39　MATLAB 软件 8 个设计参数输入初始界面

MATLAB 软件仿真预览界面如图 3-40 所示，单击"开始"按钮，可以看到预览界面内置四个图像，分别是点 P 速度时间曲线（左上）、点 P 加速度时间曲线（右上），以及曲柄和机架夹角 70°时四杆位置和点 P 运动轨迹（左下）、点 P 水平运动轨迹（右下）。

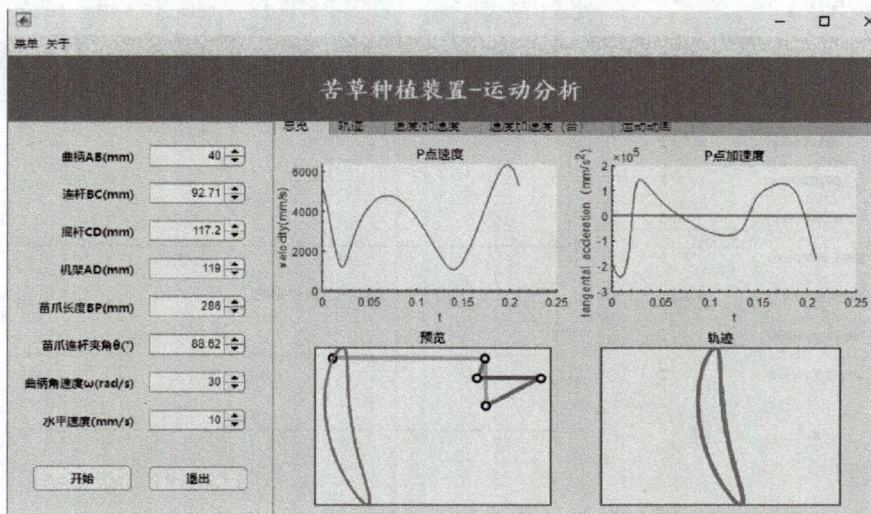

图 3-40　MATLAB 软件仿真预览界面

抓苗点 P 的运动轨迹演示界面如图 3-41 所示，主要用于查看点 P 的运动轨迹，具有记忆功能，能对不同参数下的点 P 运动轨迹进行对比分析（如图 3-35 和图 3-36 所示）。

抓苗点 P 的速度、加速度在各自坐标系内随时间 t 变化曲线界面如图 3-42 所示。抓苗点 P 的速度、加速度在同一个坐标系内随时间 t 变化曲线界面如图 3-43 所示。

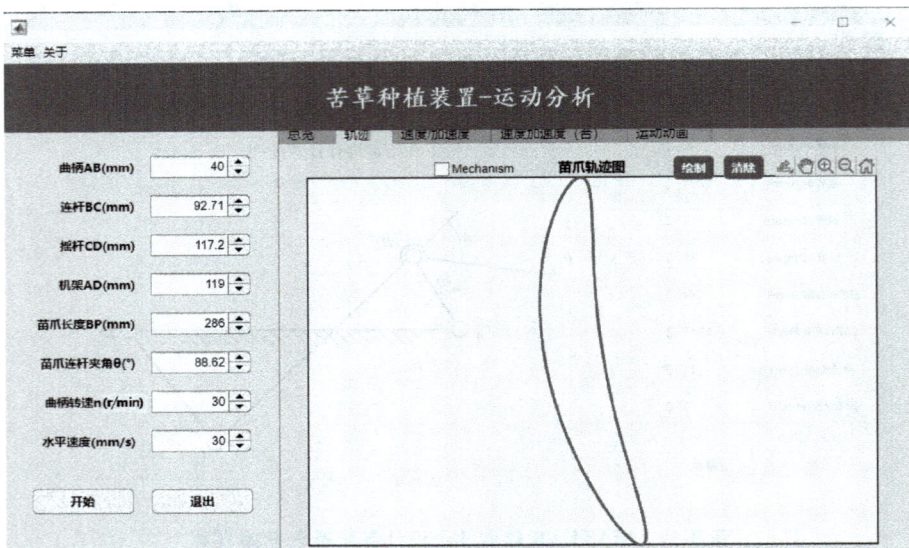

图 3-41　抓苗点 P 的运动轨迹演示界面

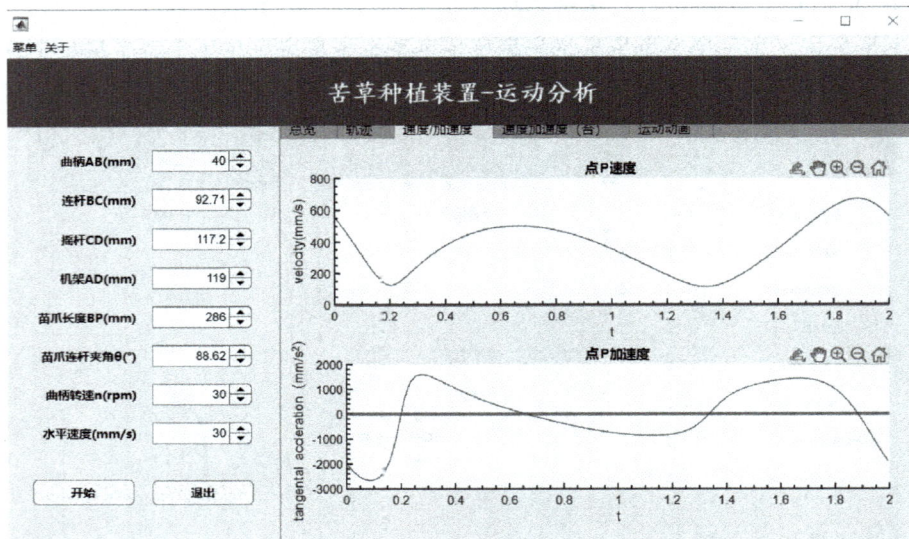

图 3-42　抓苗点 P 的速度、加速度在各自坐标系内随时间 t 变化曲线界面

　　机构动画演示及苗爪轨迹演示界面如图 3-44 所示。运动动画界面内置三个按钮，分别为绘制、暂停/继续、停止和一个工作状态指示灯。单击"绘制"按钮开始播放机构运动动画，此时指示灯为绿色；单击"暂停/继续"按钮，指示灯变为黄色，再次单击则指示灯又变为绿色，单击"停止"按钮则指示灯变为红色。勾选"Motion path 机构运动动画"复选框，则可以在看到动画的同时看到点 P 的运动轨迹，取消勾选则点 P 运动轨迹消失。

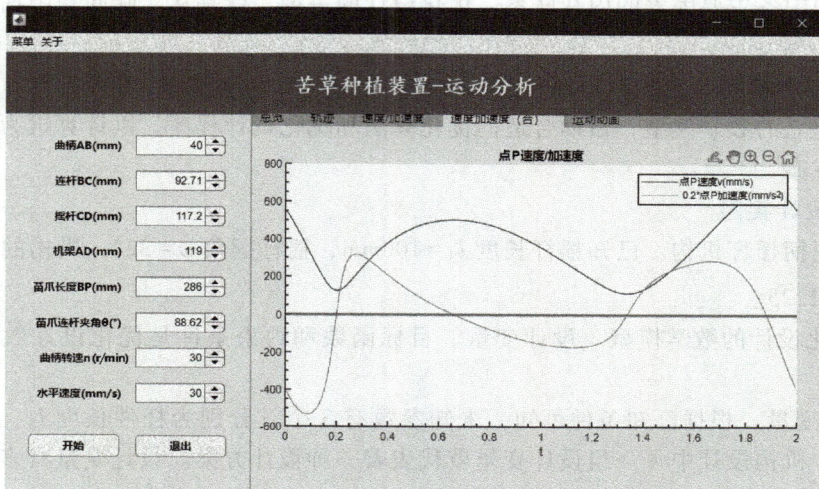

图 3-43　抓苗点 P 的速度、加速度在同一个坐标系内随时间 t 变化曲线界面

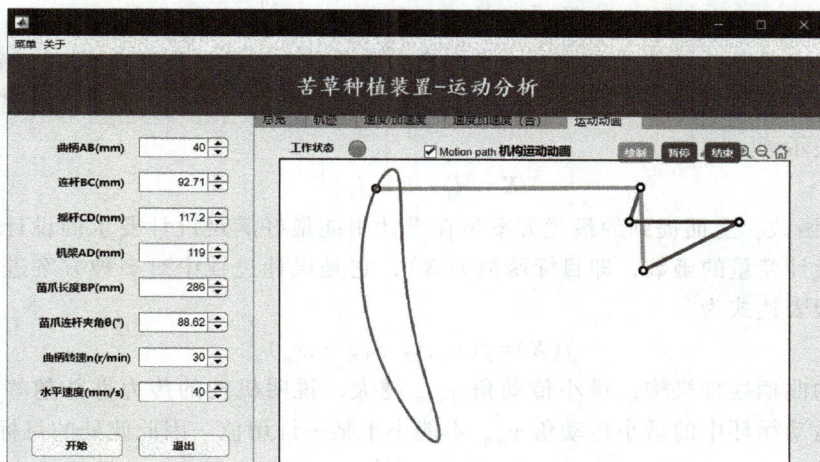

图 3-44　机构动画演示及苗爪轨迹演示界面

3.5　平面连杆机构的优化设计

一般情况下，由于设计参数的有限性，平面连杆机构只能近似实现给定的运动规律和运动轨迹，精确设计较为复杂，要想使运动轨迹精度高，首先机构运动尺寸的准确性要求高，通常采用最优化杆件尺寸方法来设计平面连杆机构。下面以曲柄摇杆机构为例，简单介绍尺度综合的最优化方法。

优化设计是一种现代化的设计方法，它建立在数学规划理论和现代计算机技术基础之上，目的是借助计算机技术自动确定工程设计中的最优方案。

1. 建立数学模型

根据设计运动学、动力学要求，将所研究的问题采用数学表达式描述出来。用此表达式反映设计问题中各主要因素的内在联系。优化设计的关键，就是从实际问题中抽象出正确的数学模型。

2. 求解数学模型

根据所建立的数学模型，借助合适的优化算法和优化设计程序，以计算机为载体，获取最优的设计方案。

3. 优化设计实例

设计一曲柄摇杆机构。已知摇杆长度 $l_3 = 100\text{mm}$，摇杆摆角 $\psi = 32°$，机构的行程速度变化系数为 $k = 1.25$。

（1）优化设计的数学模型　设计变量、目标函数和约束条件是优化设计数学模型的三个要素。

1）设计变量。根据已知条件可知，未知参数有 3 个，分别为杆件长度 l_1、l_2 和 l_4，即为设计变量。机构设计中每一组设计变量就代表着一种设计方案。设计变量有多组值，就意味着有多种设计方案。设计变量的值一旦确定，设计方案也就确定了。

一般来说，有 n 个设计变量 x_1，x_2，x_3，$\cdots$，x_n，用一个 n 维列矢量 $\boldsymbol{X}$ 表示，即

$$\boldsymbol{X} = \begin{bmatrix} x_1 & x_2 & x_3 & \cdots & x_n \end{bmatrix}^{\mathrm{T}}$$

式中，$\boldsymbol{X} \in R^n$ 表示设计矢量 $\boldsymbol{X}$ 是属于 n 维矢量空间的。一个设计矢量 $\boldsymbol{X}$ 代表一个设计方案，它对应着 n 维向量空间的一个点，其中，最优设计方案用 $\boldsymbol{X}^*$ 表示，即为最优解。上述例题中设计变量表示为

$$\boldsymbol{X} = \begin{bmatrix} l_1 & l_2 & l_4 \end{bmatrix}^{\mathrm{T}}$$

2）目标函数。上面提到的最优方案是在设计中能最好满足设计要求的设计目标，设计目标一般为设计变量的函数，即目标函数 $f(\boldsymbol{X})$，它是设计过程中对多种方案进行优劣评判的依据。一般表达式为

$$f(\boldsymbol{X}) = f(x_1, x_2, x_3, \cdots, x_n)$$

本例题的曲柄摇杆机构，最小传动角 $\gamma_{\min}$ 越大，说明机构的传力性能越好，设计时一般要求一个运动循环中的最小传动角 $\gamma_{\min}$ 不能小于某一许用值。因此此处的目标函数为

$$\min \quad f(\boldsymbol{X}) = \min \quad \cos\gamma_{\min}$$

$$\min \quad \cos\gamma_{\min} = \frac{l_2^2 + l_3^2 - (l_4 - l_1)^2}{2 l_2 l_3}$$

3）约束条件。优化设计中设计变量的取值，往往需要满足某些限定条件。本例题的各待求杆件的长度必须大于零，满足曲柄存在条件、行程速度变化系数的要求等，这些限制条件即为优化设计问题中的约束条件。本例题中的约束条件如下。

杆件长度大于零，因曲柄为四杆中的最短杆，故只需要

$$g_1(\boldsymbol{X}) = -l_1 \leqslant 0$$

由曲柄存在条件为

$$g_2(\boldsymbol{X}) = l_1 + l_2 - l_3 - l_4 \leqslant 0$$

$$g_3(\boldsymbol{X}) = l_1 + l_3 - l_2 - l_4 \leqslant 0$$

$$g_4(\boldsymbol{X}) = l_1 + l_4 - l_2 - l_3 \leqslant 0$$

已知机构的行程速度变化系数为 $k = 1.25$，则

$$\theta = 180° \frac{k-1}{k+1} = 20°$$

$$g_5(\boldsymbol{X}) = \arccos \frac{(l_2-l_1)^2+l_4^2-l_3^2}{2(l_2-l_1)l_4} - \arccos \frac{(l_2+l_1)^2+l_4^2-l_3^2}{2(l_2+l_1)l_4} - \theta \frac{\pi}{180} = 0$$

$$g_6(\boldsymbol{X}) = \frac{l_1^2+l_2^2-2l_3^2\sin^2(\psi/2)}{l_2^2-l_1^2} - \cos\theta = 0$$

约束条件将设计空间分成两部分，一部分是满足约束条件的，称为可行域；另一部分是不满足约束条件的，称为非可行域。本例题此处求解为在可行域内寻求一组设计变量 $\boldsymbol{X}^*$ 使得目标函数 $f(\boldsymbol{X}^*)$ 最优化。

综合以上分析，本例题的数学模型表达式为

$$\min \quad f(\boldsymbol{X}) = \min \quad \cos\gamma_{\min} = \frac{l_2^2+l_3^2-(l_4-l_1)^2}{2l_2l_3}$$

$$\text{S. T.} \quad g_1(\boldsymbol{X}) = -l_1 \leqslant 0$$

$$g_2(\boldsymbol{X}) = l_1+l_2-l_3-l_4 \leqslant 0$$

$$g_3(\boldsymbol{X}) = l_1+l_3-l_2-l_4 \leqslant 0$$

$$g_4(\boldsymbol{X}) = l_1+l_4-l_2-l_3 \leqslant 0$$

$$g_5(\boldsymbol{X}) = \arccos \frac{(l_2-l_1)^2+l_4^2-l_3^2}{2(l_2-l_1)l_4} - \arccos \frac{(l_2+l_1)^2+l_4^2-l_3^2}{2(l_2+l_1)l_4} - \theta \frac{\pi}{180} = 0$$

$$g_6(\boldsymbol{X}) = \frac{l_1^2+l_2^2-2l_3^2\sin^2(\psi/2)}{l_2^2-l_1^2} - \cos\theta = 0$$

$$\boldsymbol{X} = [\, l_1 \quad l_2 \quad l_4 \,]^{\mathrm{T}}$$

（2）优化设计的方法　根据上面建立的数学模型，选择合适的优化方法才能获得优化问题的最优解。本例题为优化问题中的约束优化问题。约束优化问题常常采用直接法或间接法来求解，其中，直接法是在可行域内进行迭代计算来求目标函数的极小值；间接法则是需要构造一个包含原目标函数和所有约束条件在内的新目标函数，它将约束优化问题转化为无约束优化问题，进而求无约束优化问题的最优解即可。

本例题采用直接法求解约束优化问题的最优解，有三个设计变量、四个不等式约束、两个等式约束。采用惩罚函数法求解，得到最优解为

$$\boldsymbol{X}^* = [\, l_1^* \quad l_2^* \quad l_4^* \,]^{\mathrm{T}}$$

$$f(\boldsymbol{X}^*) = 0.71906$$

✂ **思政拓展：** 本章所讲连杆机构属于平面机构，相对而言，存在空间机构，如机器人关节、手爪等。扫描右侧二维码观看外骨骼机器人和蛟龙号的相关视频，理解机械机构的内涵与应用。

科普之窗
中国创造：外骨骼机器人

科普之窗
中国创造：蛟龙号

第4章

凸轮机构分析与设计

4.1　凸轮机构设计基本知识

平面低副机构一般只能近似实现给定的运动规律，而且设计较为复杂。当从动件有要求，必须准确地按预期的运动规律运动，尤其是原动件做连续运动而从动件做间歇运动时，凸轮机构就是一种较理想的选择。凸轮机构是一种高副机构，其结构简单，设计方便，广泛应用于各种轻工业机械、自动控制装置、装配生产线和各种仪器仪表中。

4.1.1　凸轮机构运动特点及设计要求

凸轮机构是由曲线轮廓或凹槽的凸轮与从动件的高副接触，驱动从动件实现任意预期的运动规律的机构。凸轮机构设计的基本任务是根据工作要求选定合适的凸轮形式、合理选择从动件运动规律、确定基圆半径及有关的结构尺寸，根据从动件运动规律设计凸轮轮廓曲线并验算其曲率半径等。其中，最重要的是设计凸轮的轮廓曲线，要根据从动件的运动规律逆向设计。本章主要介绍采用图解法和解析法确定从动件运动规律、基圆半径等结构参数、设计凸轮轮廓曲线等内容。

4.1.2　从动件常用运动规律

凸轮是通过其轮廓线推动从动件运动的。显然，在凸轮的类型与结构尺寸相同的情况下，凸轮轮廓形状不同，从动件所实现的运动也不同。

1. 基本名词和术语

图 4-1a 所示为对心直动尖顶推杆盘形凸轮机构。r_0 是凸轮的基圆半径，s 是推杆的位移，h 是推杆的行程。图 4-1b 所示 s-δ 曲线是推杆的位移曲线，AB 段是凸轮轮廓的推程段，与之对应的凸轮转角 δ_0 称为推程运动角；BC 段是凸轮轮廓的远休止段，与之对应的凸轮转角 δ_{01} 称为远休止角；CD 段是凸轮轮廓的回程段，与之对应的凸轮转角 δ_0' 称为回程运动角；DA 段是凸轮轮廓的近休止段，与之对应的凸轮转角 δ_{02} 称为近休止角。

该凸轮机构的推杆随着凸轮的连续匀速转动，其运动规律为"升-停-降-停"的循环运动。因为在近休止段与远休止段上推杆均静止不动，所以推杆的运动规律是指它在推程段与回程段上时，其位移 s、速度 v 及加速度 a 随凸轮转角 δ 的变化规律。

2. 从动件常用运动规律

从动件常用运动规律见表 4-1。

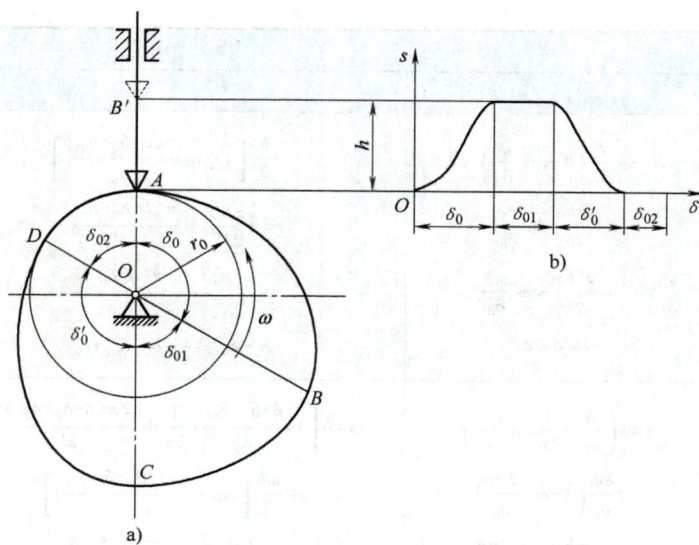

图 4-1　对心直动尖顶推杆盘形凸轮机构

表 4-1　从动件常用运动规律

运动规律		运动方程式	运动特性
		推程	回程	
等速运动 （一次多项式）		$s = \dfrac{h}{\delta_0}\delta$ $v = \dfrac{h\omega}{\delta_0}$ $a = 0$ $0 \leq \delta \leq \delta_0$	$s = h\left(1 - \dfrac{\delta - \delta_0 - \delta_{01}}{\delta_0'}\right)$ $v = -\dfrac{h\omega}{\delta_0'}$ $a = 0$ $\delta_0 + \delta_{01} \leq \delta \leq \delta_0 + \delta_{01} + \delta_0'$	刚性冲击
等加速等减 速运动 （二次多项式）	等加速 运动	$s = \dfrac{2h}{\delta_0^2}\delta^2$ $v = \dfrac{4h\omega}{\delta_0^2}\delta$ $a = \dfrac{4h\omega^2}{\delta_0^2}$ $0 \leq \delta \leq \dfrac{\delta_0}{2}$	$s = h - \dfrac{2h}{\delta_0'^2}(\delta - \delta_0 - \delta_{01})^2$ $v = -\dfrac{4h\omega}{\delta_0'^2}(\delta - \delta_0 - \delta_{01})$ $a = -\dfrac{4h\omega^2}{\delta_0'^2}$ $\delta_0 + \delta_{01} \leq \delta \leq \delta_0 + \delta_{01} + \dfrac{\delta_0'}{2}$	柔性冲击
	等减速 运动	$s = h - \dfrac{2h(\delta_0 - \delta)^2}{\delta_0^2}$ $v = -\dfrac{4h\omega(\delta_0 - \delta)}{\delta_0^2}$ $a = -\dfrac{4h\omega^2}{\delta_0^2}$ $\dfrac{\delta_0}{2} \leq \delta \leq \delta_0$	$s = \dfrac{2h(\delta_0 + \delta_{01} + \delta_0' - \delta)^2}{\delta_0'^2}$ $v = -\dfrac{4h\omega(\delta_0 + \delta_{01} + \delta_0' - \delta)}{\delta_0'^2}$ $a = \dfrac{4h\omega^2}{\delta_0'^2}$ $\delta_0 + \delta_{01} + \dfrac{\delta_0'}{2} \leq \delta \leq \delta_0 + \delta_{01} + \delta_0'$	

47

（续）

运动规律	运动方程式		运动特性
	推程	回程	
余弦加速度 运动 （简谐振动）	$s=\dfrac{h}{2}\left(1-\cos\dfrac{\pi\delta}{\delta_0}\right)$ $v=\dfrac{\pi h\omega}{2\delta_0}\sin\dfrac{\pi\delta}{\delta_0}$ $a=\dfrac{\pi^2 h\omega^2}{2\delta_0^2}\cos\dfrac{\pi\delta}{\delta_0}$ $0\leqslant\delta\leqslant\delta_0$	$s=\dfrac{h}{2}\left[1+\cos\dfrac{\pi(\delta-\delta_0-\delta_{01})}{\delta_0'}\right]$ $v=-\dfrac{\pi h\omega}{2\delta_0'}\sin\dfrac{\pi(\delta-\delta_0-\delta_{01})}{\delta_0'}$ $a=-\dfrac{\pi^2 h\omega^2}{2\delta_0'^2}\cos\dfrac{\pi(\delta-\delta_0-\delta_{01})}{\delta_0'}$ $\delta_0+\delta_{01}\leqslant\delta\leqslant\delta_0+\delta_{01}+\delta_0'$	柔性冲击
正弦加速度 运动 （摆线运动）	$s=h\left(\dfrac{\delta}{\delta_0}-\dfrac{1}{2\pi}\sin\dfrac{2\pi\delta}{\delta_0}\right)$ $v=\dfrac{\omega h}{\delta_0}\left(1-\cos\dfrac{2\pi\delta}{\delta_0}\right)$ $a=\dfrac{2\pi h\omega^2}{\delta_0^2}\sin\dfrac{2\pi\delta}{\delta_0}$ $0\leqslant\delta\leqslant\delta_0$	$s=h\left[1-\dfrac{\delta-\delta_0-\delta_{01}}{\delta_0'}+\dfrac{1}{2\pi}\sin\dfrac{2\pi(\delta-\delta_0-\delta_{01})}{\delta_0'}\right]$ $v=\dfrac{\omega h}{\delta_0'}\left[\cos\dfrac{2\pi(\delta-\delta_0-\delta_{01})}{\delta_0'}-1\right]$ $a=-\dfrac{2\pi h\omega^2}{\delta_0'^2}\sin\dfrac{2\pi(\delta-\delta_0-\delta_{01})}{\delta_0'}$ $\delta_0+\delta_{01}\leqslant\delta\leqslant\delta_0+\delta_{01}+\delta_0'$	无冲击

4.2 凸轮机构的图解法设计

4.2.1 凸轮机构设计的一般步骤

凸轮机构设计的一般步骤如下。

1. 确定从动件的运动规律

主要根据从动件在工作中需要满足的运动要求、凸轮转速及加工凸轮轮廓线的技术水平等来确定从动件的运动规律。

2. 确定凸轮机构的类型和结构尺寸

根据凸轮机构的工作空间、从动件行程、凸轮转速以及负载大小等实际工作需求来确定凸轮的类型，然后进一步确定偏心距 e 或摆动凸轮的凸轮中心到摆杆回转中心的距离 a 和摆杆长度 l。

3. 设计凸轮的结构尺寸

凸轮的结构尺寸主要指凸轮的基圆半径 r_0、偏心距 e、滚子半径 r_T 和平底推杆长度 L。凸轮的基圆半径 r_0 和偏心距 e 可根据机构实际工作要求的许用压力角 $[\alpha]$ 进行设计。

4. 设计凸轮的轮廓曲线

在凸轮机构的图解法中主要采用反转法来进行凸轮轮廓曲线的设计。

5. 其他设计

凸轮机构的其他设计包括高速凸轮的运动分析、动态静力分析及动力学分析，以及力封闭结构中的弹簧部件的设计。对于常用的中低速凸轮机构，此部分可以不用考虑。

4.2.2　盘形凸轮机构图解法设计示例

1. 对心直动尖顶推杆盘形凸轮设计

已知：基圆半径 r_0 和如图 4-2 所示的从动件推杆运动规律 s-δ 曲线。

要求：用图解法绘制凸轮的轮廓曲线。

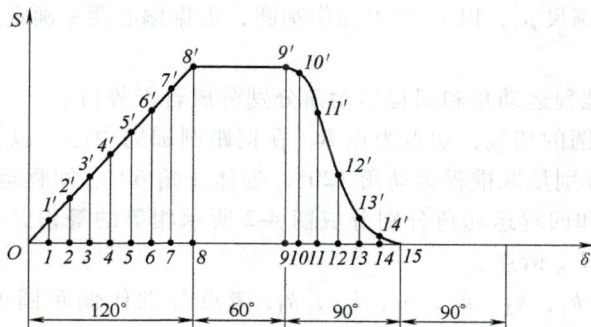

图 4-2　从动件推杆运动规律 s-δ 曲线

利用反转法绘制此凸轮的轮廓曲线的步骤如下。

1）选取合适的比例尺 μ_l，以 r_0 为半径作基圆，确定点 A 为从动件推杆的起始位置。

2）将 s-δ 曲线的推程运动角和回程运动角分别分成若干等份。

3）从 OA 开始，沿 ω 的反方向在基圆圆周中心分别量取推程运动角 120°、远休止角 60°、回程运动角 90° 和近休止角 90°。并将推程运动角和回程运动角分别分成图 4-2 所示相同的等份，分别得到基圆上的 1，2，3，$\cdots$，13，14 诸点。

4）连接基圆圆心 O 与基圆上的 1，2，3，$\cdots$，13，14 诸点并延长，得到一系列射线。

5）在上述射线上以基圆上的 1，2，3，$\cdots$，13，14 诸点开始向基圆外量取从动件推杆相应的位移量，即 s-δ 曲线上的 $\overline{11'}$，$\overline{22'}$，$\cdots$，$\overline{1414'}$，得到反转后从动件推杆尖顶的一系列实际位置点 $1'$，$2'$，$3'$，$\cdots$，$13'$，$14'$。

6）将点 $1'$，$2'$，$3'$，$\cdots$，$13'$，$14'$ 连成光滑的曲线（点 $8'$ 和点 $9'$ 之间以及点 $14'$ 和点 A 之间均为以 O 为圆心的圆弧），即可获得对心直动尖顶推杆盘形凸轮的轮廓曲线，如图 4-3 所示。

2. 对心直动滚子推杆盘形凸轮设计

图 4-4 所示为对心直动滚子推杆盘形凸轮的轮廓曲线。值得注意的是，按照上述步骤得到的凸轮轮廓线为滚子中心的轨迹线，即此凸轮的理论轮廓线，而凸轮理论轮廓线与实际轮廓线为等距曲线，两者在法

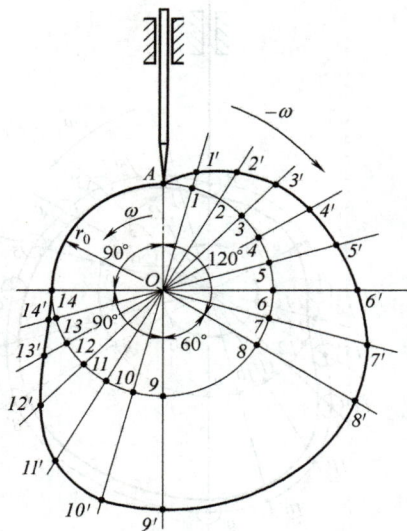

图 4-3　对心直动尖顶推杆盘形凸轮的轮廓曲线

49

线方向上的距离应等于滚子半径 r_T，故对心直动滚子推杆盘形凸轮的实际轮廓线为与此理论轮廓线相差一个滚子半径 r_T 的内包络线。

3. 偏心直动尖顶推杆盘形凸轮设计

已知：基圆半径 r_0、偏心距 e 和如图 4-2 所示的从动件推杆运动规律 s-δ 曲线。

要求：用图解法绘制凸轮的轮廓曲线。

利用反转法绘制此凸轮的轮廓曲线的步骤如下。

1）选取合适的比例尺 μ_l，以 r_0 为半径作基圆，根据偏心距 e 确定点 A 为从动件推杆的起始位置。

2）将 s-δ 曲线的推程运动角和回程运动角分别分成若干等份。

3）过点 A 作偏距圆的切线，切点为点 B，在偏距圆圆周中心，以初始切点点 B 为初始位置，沿 ω 的反方向分别量取推程运动角 120°、远休止角 60°、回程运动角 90° 和近休止角 90°。并将推程运动角和回程运动角分别分成图 4-2 所示相等的等份，分别得到偏距圆上的 k_1，k_2，k_3，$\cdots$，k_{14}，k_{15} 诸点。

4）过偏距圆上的 k_1，k_2，k_3，$\cdots$，k_{14}，k_{15} 诸点分别作偏距圆的切线，得到一系列射线。

5）在上述射线上以基圆上的 1，2，3，$\cdots$，14，15 诸点开始向基圆外量取从动件推杆相应的位移量，即 s-δ 曲线上的 $\overline{11'}$，$\overline{22'}$，$\cdots$，$\overline{1414'}$，$\overline{1515'}$，得到反转后从动件推杆尖顶的一系列实际位置点 $1'$，$2'$，$3'$，$\cdots$，$13'$，$14'$，$15'$。

6）将点 $1'$，$2'$，$3'$，$\cdots$，$14'$，$15'$ 连成光滑的曲线（点 $8'$ 和点 $9'$ 之间以及点 $15'$ 和点 A 之间均为以 O 为圆心的圆弧），即可获得偏心直动尖顶推杆盘形凸轮的轮廓曲线，如图 4-5 所示。

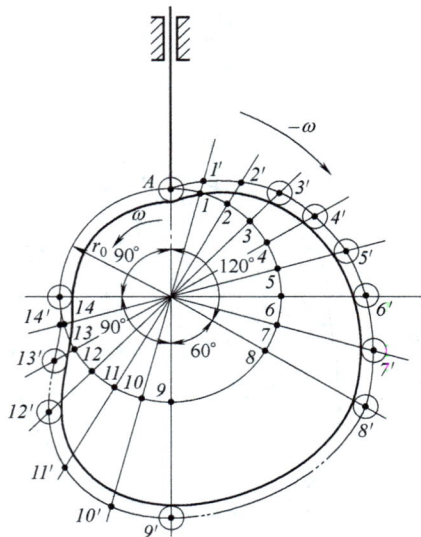

图 4-4 对心直动滚子推杆盘形
凸轮的轮廓曲线

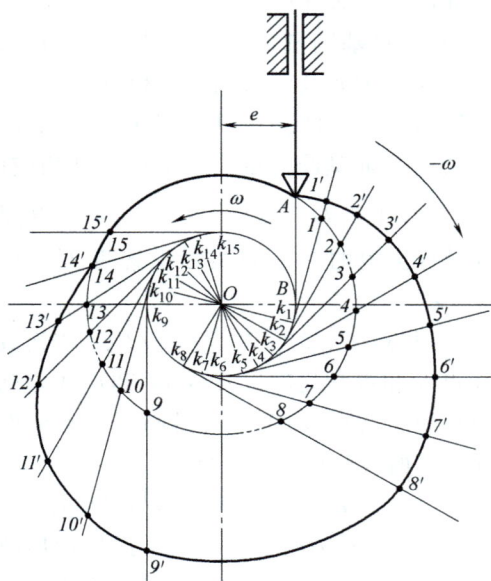

图 4-5 偏心直动尖顶推杆盘形
凸轮的轮廓曲线

4.2.3　凸轮机构基本尺寸的确定

1. 凸轮基圆半径 r_0 的确定

上面介绍的是凸轮轮廓曲线图解法设计的方法和步骤，其前提条件是已知凸轮基圆半径 r_0、偏心距 e、滚子半径 r_T 等基本尺寸。

而上述凸轮的基本尺寸与凸轮压力角 α 关系为

$$\tan\alpha = \frac{|ds/d\delta - e|}{s + \sqrt{r_0^2 - e^2}}$$

可以看出，当偏心距 e 和从动件运动规律确定时，基圆半径 r_0 越大，压力角 α 越小，凸轮机构的传力性能越好。但是一味增大基圆半径也会导致凸轮机构总体尺寸增加，带来一系列不利后果，因此，一般设计要求最大压力角不超过给定的许用压力角，即 $\alpha_{\max} < [\alpha]$，一般直动推杆的许用压力角 $[\alpha] = 30°$（推程），$[\alpha] = 70° \sim 80°$（回程）；摆动推杆的许用压力角 $[\alpha] = 30°$（推程），$[\alpha] = 70° \sim 80°$（回程）。若已知许用压力角，则可以通过计算来初步选定凸轮的基圆半径 r_0，即

$$r_0 \geqslant \sqrt{e^2 + \left(\frac{\dfrac{ds}{d\delta} - e}{\tan[\alpha]} - s\right)^2}$$

2. 滚子推杆的滚子半径 r_T 的确定

确定滚子推杆的滚子半径 r_T 的一般原则是

$$\begin{cases} \rho_{\min} - r_T \geqslant 1 \sim 5\mathrm{mm}（一般取为 3mm） \\ r_T \leqslant 0.8\rho_{\min} \end{cases}$$

式中，$\rho_{\min}$ 为凸轮理论轮廓线的最小曲率半径值。

4.3　凸轮机构的解析法设计

随着计算机辅助技术的发展，解析法在各领域逐步获得了越来越多的应用，与图解法相比，采用解析法设计凸轮轮廓，可显著提高求解精度和求解效率。解析法是根据已确定的凸轮结构形式、推杆运动位移函数、基圆半径 r_0 和滚子半径 r_T 等，推导出凸轮理论轮廓曲线和实际轮廓曲线上各点的坐标方程式，再编程计算各点的坐标值，最后将系列点连线作图，得到凸轮轮廓曲线。解析法和图解法都是利用反转法原理来设计凸轮轮廓曲线的。

4.3.1　几种常见盘状凸轮机构轮廓曲线数学模型建立

1. 偏心直动滚子推杆盘形凸轮轮廓曲线数学模型

（1）凸轮理论轮廓曲线数学模型　图 4-6 所示为偏心直动滚子推杆盘形凸轮机构。已知凸轮基圆半径 r_0、偏心距 e、滚子半径 r_T 和从动件推杆的运动规律 $s = s(\delta)$，凸轮以等角速度 ω 逆时针转动。

建立 xOy 直角坐标系，推杆的导路中心线与 y 轴平行，点 B_0 为凸轮推程段起始点，当凸轮转过 δ 角时，从动件推杆沿导路按预定运动规律产生位移 s。由反转法原理得滚子中心

任意位置点 B 坐标（x，y）即为凸轮理论轮廓线的数学模型，即

$$\begin{cases} x = (s+s_0)\sin\delta + e\cos\delta \\ y = (s+s_0)\cos\delta - e\sin\delta \end{cases}$$ (4-1)

式中，$s_0 = \sqrt{r_0^2 - e^2}$。

（2）凸轮实际轮廓曲线数学模型　由前面图解法内容可知，滚子从动件凸轮机构的理论轮廓线与实际轮廓线为等距曲线，二者在法线方向上的距离应等于滚子半径 r_T，设实际轮廓线上的点 B' 与理论轮廓线上点 B 对应，设定坐标为 B'（x'，y'），可得图 4-7 所示理论轮廓线与实际轮廓线之间关系图。

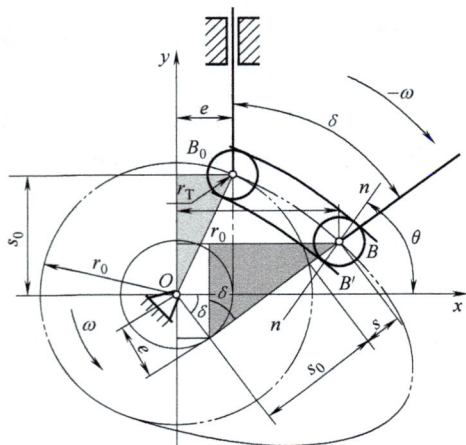

图 4-6　偏心直动滚子推杆盘形凸轮机构

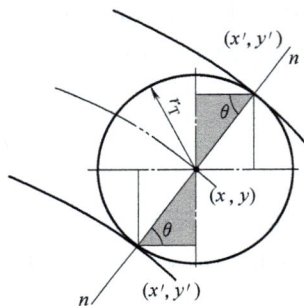

图 4-7　理论廓线与实际廓线之间关系图

由图 4-7 所示理论轮廓线与实际轮廓线之间关系图可得出凸轮实际轮廓线的数学模型，即

$$\begin{cases} x' = x \pm r_T\cos\theta \\ y' = y \pm r_T\sin\theta \end{cases}$$ (4-2)

式中，"$-$"对应于内等距线；"$+$"对应于外等距线。

2. 对心直动平底推杆盘形凸轮轮廓曲线数学模型

图 4-8 所示为对心直动平底推杆盘形凸轮机构。已知凸轮基圆半径 r_0、平底推杆长度 L 和从动件推杆的运动规律 $s = s(\delta)$，凸轮以等角速度 ω 逆时针转动。

建立 xOy 直角坐标系，推杆的导路中心线与 y 轴平行，点 B_0 为凸轮推程段起始点，当凸轮转过 δ 角时，从动件推杆沿导路按预定运动规律产生位移 s。从动件与凸轮的速度瞬心为图 4-8 中点 P，则在点 P 处从动件与凸轮具

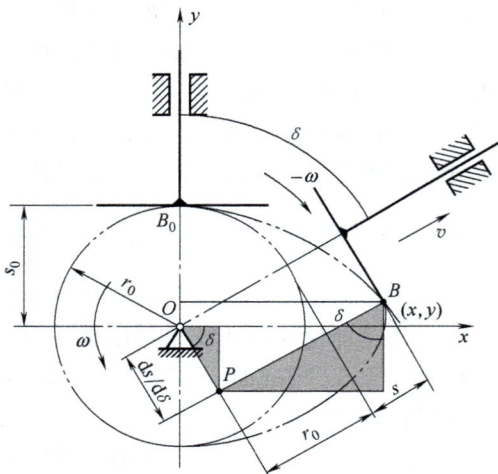

图 4-8　对心直动平底推杆盘形凸轮机构

52

有相同线速度 v，则有

$$v = v_P = \omega l_{OP} \Rightarrow l_{OP} = \frac{v}{\omega} = \frac{\dfrac{\mathrm{d}s}{\mathrm{d}t}}{\dfrac{\mathrm{d}\delta}{\mathrm{d}t}} = \frac{\mathrm{d}s}{\mathrm{d}\delta}$$

由反转法原理得平底与凸轮轮廓线接触处点 B 坐标（x，y）即为凸轮实际轮廓线的数学模型，即

$$\begin{cases} x = (s+r_0)\sin\delta + \dfrac{\mathrm{d}s}{\mathrm{d}\delta}\cos\delta \\ y = (s+r_0)\cos\delta - \dfrac{\mathrm{d}s}{\mathrm{d}\delta}\sin\delta \end{cases} \tag{4-3}$$

3. 摆动滚子推杆盘形凸轮轮廓曲线数学模型

图 4-9 所示为摆动滚子推杆盘形凸轮机构。已知凸轮基圆半径 r_0、摆杆长度 l、机架长度 a 和从动件推杆的运动规律 $s = s(\delta)$，凸轮以等角速度 ω 逆时针转动。

建立 xOy 直角坐标系，以凸轮回转中心 O 与摆动导杆从动件摆动中心 A_0 的连线为 y 轴，A_0B_0 为从动件推程的初始位置，A_0B_0 与机架 A_0O 之间的夹角为 φ_0（摆动从动件的初始角位移），当凸轮转过 δ 角时，由反转法原理得从动件摆杆随机架 A_0O 一起反转 δ 角后，处于图 4-9 所示 AB 位置，求出图 4-9 中点 B 坐标（x，y）即为凸轮理论轮廓线的数学模型，即

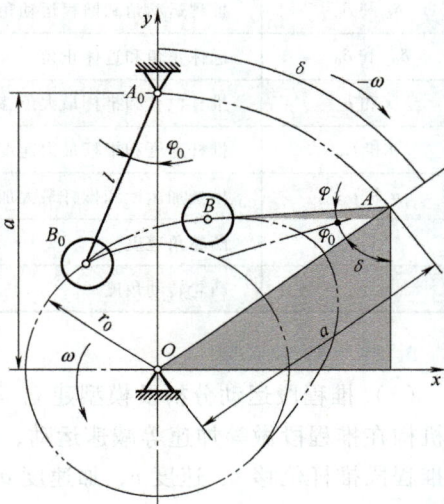

图 4-9　摆动滚子推杆盘形凸轮机构

$$\begin{cases} x = a\sin\delta - l\sin(\varphi+\varphi_0+\delta) \\ y = a\cos\delta - l\cos(\varphi+\varphi_0+\delta) \end{cases} \tag{4-4}$$

式中，$\varphi_0 = \arccos\dfrac{a^2+l^2-r_0^2}{2al}$。

凸轮实际轮廓线确定方法见式（4-2）。

4.3.2　凸轮机构计算机辅助设计示例

1. 问题分析

图 4-10 所示为偏心直动尖顶推杆盘形凸轮机构，已知基圆半径 $r_0 = 50\text{mm}$，偏心距 $e = 15\text{mm}$，推程运动角 $\delta_0 = 150°$，远休止角 $\delta_{01} = 30°$，回程运动角 $\delta_0' = 90°$，近休止角 $\delta_{02} = 90°$，推杆的最大位移 $h = 25\text{mm}$，凸轮角速度 $\omega = 20\text{rad/s}$，推程段运动规律为等加速等减速运动，回程段为简谐运动，凸轮转向为顺时针，偏置方式为正偏置。用解析法设计此凸轮机构，推导凸轮轮廓曲线数学方程，并绘制运动路线和凸轮轮廓曲线图。

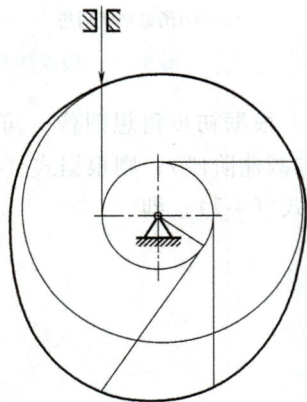

图 4-10　偏心直动尖顶推杆
盘形凸轮机构

2. 符号说明

本例用到的参数符号及符号说明见表4-2。

表4-2 本例用到的参数符号及符号说明

参数符号	符号说明
r_0	基圆半径
e	偏心距
δ_0 和 δ_0'	推程运动角和回程运动角
δ_{01} 和 δ_{02}	远休止角和近休止角
s 和 h	推杆位移和推杆最大位移
v 和 v_m	推杆速度和推杆最大速度
a 和 a_m	推杆加速度和推杆最大加速度
ω	凸轮角速度
δ	凸轮转动角度

3. 建立数学模型

（1）推程段运动分析及模型建立　　在推程段，推杆位移 s 由 0 逐渐增加到 25mm，因为该机构在推程段做等加速等减速运动，凸轮转向为顺时针，且偏置方式为正偏置，故初步猜想推程段推杆位移 s、速度 v、加速度 a 随时间 t 变化曲线图像如图 4-11 所示。

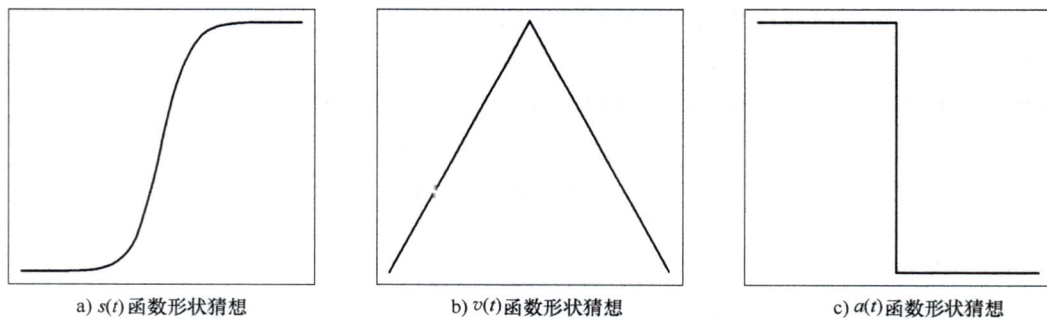

a) $s(t)$ 函数形状猜想　　b) $v(t)$ 函数形状猜想　　c) $a(t)$ 函数形状猜想

图 4-11 初步猜想推程段推杆位移 s、速度 v、加速度 a 随时间 t 变化曲线图像

根据初步猜想图像，可设推程段最大加速度为 a_m（匀加速阶段），最小加速度为 $-a_m$（匀减速阶段），则根据式（4-5）将 a_m 代入可得到速度 v 和位移 s 关于时间 t 的关系式（4-6）和式（4-7），即

$$a=\frac{\mathrm{d}v}{\mathrm{d}t}, \ v=\frac{\mathrm{d}s}{\mathrm{d}t} \tag{4-5}$$

$$v=\begin{cases} a_m t - C_1 & \left(0<t<\dfrac{t_m}{2}\right) \\ -a_m t - C_3 & \left(\dfrac{t_m}{2}\leq t<t_m\right) \end{cases} \tag{4-6}$$

$$s=\begin{cases}\dfrac{1}{2}a_{\mathrm m}t^2-C_1t-C_2 & \left(0<t<\dfrac{t_{\mathrm m}}{2}\right)\\[2mm]-\dfrac{1}{2}a_{\mathrm m}t^2-C_3t-C_4 & \left(\dfrac{t_{\mathrm m}}{2}\leqslant t<t_{\mathrm m}\right)\end{cases} \tag{4-7}$$

式中，C_1，C_2，C_3，C_4 为方程求解的待定系数。

由起始点条件可知 $v(0)=0$，$s(0)=0$，可解得 $C_1=0$，$C_2=0$；由终止点条件可知 $v(t_{\mathrm m})=0$，$s(t_{\mathrm m})=h$，可解得 $C_3=-a_{\mathrm m}t_{\mathrm m}$，$C_4=\dfrac{1}{2}a_{\mathrm m}t_{\mathrm m}^2-h$。将 C_1，C_2，C_3，C_4 分别代入式（4-6）与式（4-7）可得

$$v=\begin{cases}a_{\mathrm m}t & \left(0<t<\dfrac{t_{\mathrm m}}{2}\right)\\[2mm]-a_{\mathrm m}(t-t_{\mathrm m}) & \left(\dfrac{t_{\mathrm m}}{2}\leqslant t<t_{\mathrm m}\right)\end{cases} \tag{4-8}$$

$$s=\begin{cases}\dfrac{1}{2}a_{\mathrm m}t^2 & \left(0<t<\dfrac{t_{\mathrm m}}{2}\right)\\[2mm]-\dfrac{1}{2}a_{\mathrm m}t^2+a_{\mathrm m}t_{\mathrm m}t-\dfrac{1}{2}a_{\mathrm m}t_{\mathrm m}^2+h & \left(\dfrac{t_{\mathrm m}}{2}\leqslant t<t_{\mathrm m}\right)\end{cases} \tag{4-9}$$

考虑到 $t=\dfrac{\delta}{\omega}$，$a_{\mathrm m}=\dfrac{4h}{t_{\mathrm m}^2}$（由匀变速条件可得），$\delta_0=t_{\mathrm m}\omega$，代入式（4-9）得

$$s=\begin{cases}2h\left(\dfrac{\delta}{\delta_0}\right)^2 & (0°<\delta<75°)\\[2mm]h\left[1-\dfrac{2(\delta-\delta_0)^2}{\delta_0^{\,2}}\right] & (75°\leqslant\delta<150°)\end{cases}$$

在 $0\sim150°$（推程运动角范围）区间平均选取 11 个点进行计算，得到的推程段凸轮转动角度对应的导杆速度与位移见表 4-3。

表 4-3 推程段凸轮转动角度对应的导杆速度与位移

$\delta/(°)$	t	v	s	a
0	0	0	0	5836.100178
15	0.013089969	76.39437268	0.5	5836.100178
30	0.026179939	152.7887454	2	5836.100178
45	0.039269908	229.1831181	4.5	5836.100178
60	0.052359878	305.5774907	8	5836.100178
75	0.065449847	381.9718634	12.5	5836.100178
90	0.078539816	305.5774907	17	-5836.100178
105	0.091629786	229.1831181	20.5	-5836.100178
120	0.104719755	152.7887454	23	-5836.100178
135	0.117809725	76.39437268	24.5	-5836.100178
150	0.130899694	0	25	-5836.100178

利用计算机辅助绘制推程段推杆位移 s、速度 v、加速度 a 随凸轮转动角度 δ 变化曲线图像，如图 4-12 所示。

55

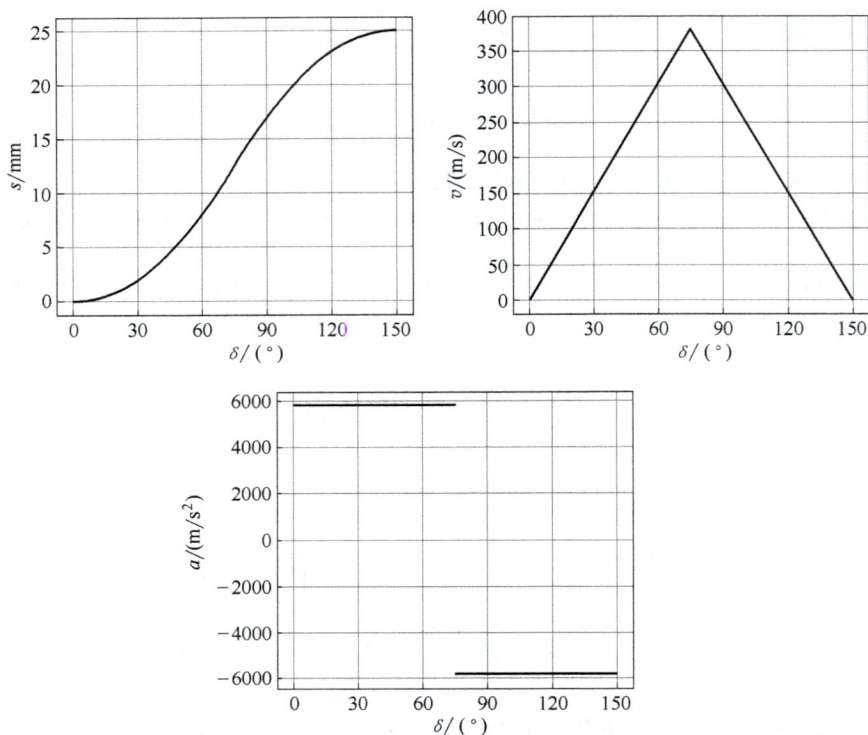

图 4-12　计算机辅助绘制推程段推杆位移 s、速度 v、加速度 a 随凸轮转动角度 δ 变化曲线图像

（2）回程段运动分析及模型建立　在回程段，推杆位移 s 由 25 mm 逐渐减少到 0，因为该机构在回程段做简谐运动，凸轮转向为顺时针，且偏置方式为正偏置，故初步猜想回程段推杆位移 s、速度 v、加速度 a 随时间 t 变化曲线图像如图 4-13 所示。

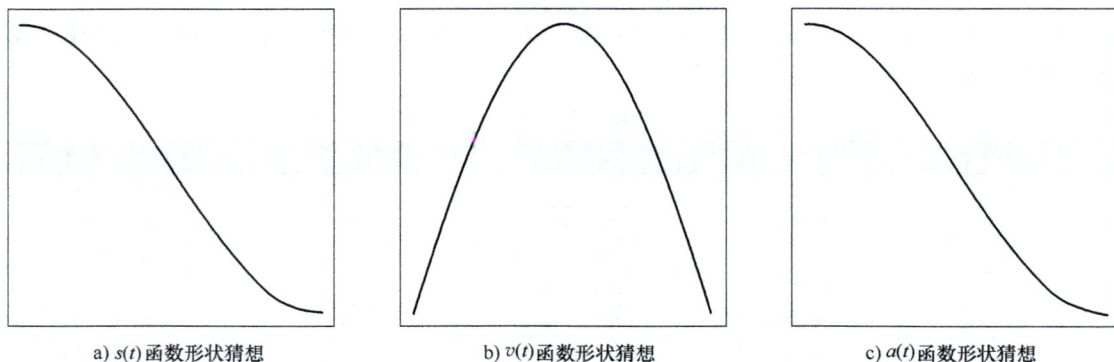

a) $s(t)$ 函数形状猜想　　　b) $v(t)$ 函数形状猜想　　　c) $a(t)$ 函数形状猜想

图 4-13　初步猜想回程段推杆位移 s、速度 v、加速度 a 随时间 t 变化曲线图像

由于回程段推杆做简谐运动，故设运动方程为

$$s = C_5 \cos C_6 \omega t + C_7 \tag{4-10}$$

$$v = -C_6 C_5 \sin C_6 \omega t \tag{4-11}$$

$$a = -C_5 (C_6 \omega)^2 \cos C_6 \omega t \tag{4-12}$$

式中，C_5，C_6，C_7 为方程求解的待定系数。

由已知条件可知 $s(0)=h$，$s(t'_m)=0$，$\dfrac{2\pi}{C_6}=2\delta'_0$（周期条件），其中，回程段 $\delta'_0=90°$，将上述条件分别代入式（4-10）、式（4-11）和式（4-12）可解得

$$C_5=\frac{h}{1-\cos 2t'_m}，\quad C_6=2，\quad C_7=\frac{h\cos 2t'_m}{\cos 2t'_m-1}$$

又因 $t'_m=\dfrac{\delta'_0}{\omega}$，$t=\dfrac{\delta}{\omega}$，可得回程段的 s、v、a 的函数表达式为

$$s=h\left(1-\frac{\sin^2\delta}{\sin^2\delta'_0}\right)\qquad(180°\leqslant\delta<270°)$$

$$v=-h\omega\frac{\sin 2\delta}{\sin^2\delta'_0}\qquad(180°\leqslant\delta<270°)$$

$$a=-2h\omega^2\frac{\cos 2\delta}{\sin^2\delta'_0}\qquad(180°\leqslant\delta<270°)$$

在 $0\sim90°$ 范围内（回程运动角范围）区间平均选取 7 个点进行计算，得到的回程段凸轮转动角度对应的导杆速度与位移见表 4-4。

表 4-4　回程段凸轮转动角度对应的导杆速度与位移

$\delta/(°)$	t	v	s	a
0	0	0.0000	25.00000	−20000.00000
15	0.013089969	−250.0000	23.32532	−17320.50808
30	0.026179939	−433.0127	18.75000	−10000.00000
45	0.039269908	−500.0000	12.50000	0.00000
60	0.052359878	−433.0127	6.25000	10000.00000
75	0.065449847	−250.0000	1.67468	17320.50808
90	0.078539816	0.0000	0.00000	20000.00000

利用计算机辅助绘制回程段推杆位移 s、速度 v、加速度 a 随凸轮转动角度 δ 变化曲线图像，如图 4-14 所示。

（3）远休止段与近休止段的运动分析及模型建立　由凸轮的运动情况可以得知，在远休止段与近休止段，推杆与凸轮的接触点到凸轮旋转中心的距离不变，偏心距不变，因此推杆在竖直方向上没有位移，可得如下推断。

1）远休止段上，$s=h=25\text{mm}$，进而可得 $v=0$，$a=0$，因此在远休止段上推杆 s、v、a 的图像表现：s-δ 图像为 $s=25\text{mm}$ 的直线；v-δ 图像为 $v=0$ 的直线；a-δ 图像为 $a=0$ 的直线。

2）近休止段上，$s=0$，进而可得 $v=0$，$a=0$，因此在近休止段上推杆 s、v、a 的图像表现：s-δ 图像为 $h=0$ 的直线；v-δ 图像为 $v=0$ 的直线；a-δ 图像为 $a=0$ 的直线。

（4）凸轮轮廓曲线模型建立　由上述解析法可得此凸轮的轮廓曲线方程为

$$\begin{cases}x=(s+s_0)\sin\delta+e\cos\delta\\ y=(s+s_0)\cos\delta-e\sin\delta\end{cases}$$

式中，$s_0=\sqrt{r_0^2-e^2}$。

4. 程序分析

（1）计算机辅助绘制 s-δ 图像　将上述结果进行汇总化简得到各阶段推杆 s、v、a 函数表达式，有

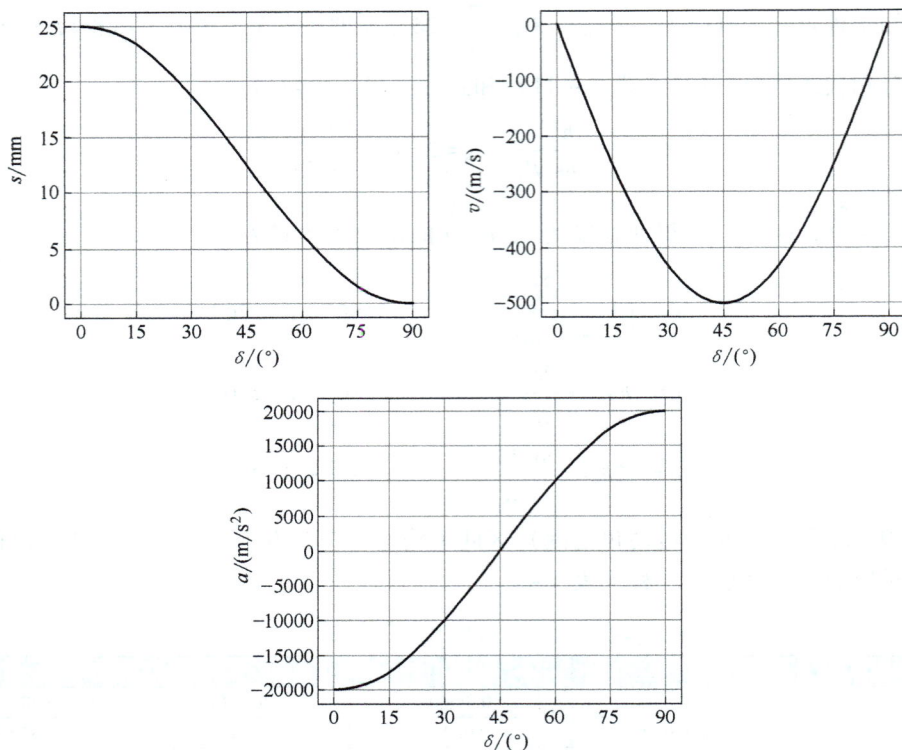

图 4-14　计算机辅助绘制回程段推杆位移 s、速度 v、加速度 a
随凸轮转动角度 δ 变化曲线图像

$$
s=\begin{cases}
2h\left(\dfrac{\delta}{\delta_0}\right)^2 & (0°<\delta<75°) \\[2mm]
h\left(1-\dfrac{2(\delta-\delta_0)^2}{\delta_0^2}\right) & (75°\leqslant\delta<150°) \\[2mm]
h & (150°\leqslant\delta<180°) \\[2mm]
h\left(1-\dfrac{\sin^2\delta}{\sin^2\delta_0'}\right) & (180°\leqslant\delta<270°) \\[2mm]
0 & (270°\leqslant\delta<360°)
\end{cases}
$$

$$
v=\begin{cases}
4h\omega\dfrac{\delta}{\delta_0^2} & (0°<\delta<75°) \\[2mm]
4h\omega\dfrac{\delta-\delta_0}{\delta_0^2} & (75°\leqslant\delta<150°) \\[2mm]
0 & (150°\leqslant\delta<180°) \\[2mm]
-h\omega\dfrac{\sin2\delta}{\sin^2\delta_0'} & (180°\leqslant\delta<270°) \\[2mm]
0 & (270°\leqslant\delta<360°)
\end{cases}
$$

$$a = \begin{cases} \dfrac{4h\omega^2}{\delta_0^2} & (0° < \delta < 75°) \\[3mm] -\dfrac{4h\omega^2}{\delta_0^2} & (75° \leqslant \delta < 150°) \\[3mm] 0 & (150° \leqslant \delta < 180°) \\[3mm] -2h\omega^2 \dfrac{\cos 2\delta}{\sin^2 \delta_0'} & (180° \leqslant \delta < 270°) \\[3mm] 0 & (270° \leqslant \delta < 360°) \end{cases}$$

将上述凸轮从动件的运动规律函数采用计算机编程绘制 s-δ 图像，计算机辅助绘制凸轮机构 s-δ 图像流程图如图 4-15 所示。

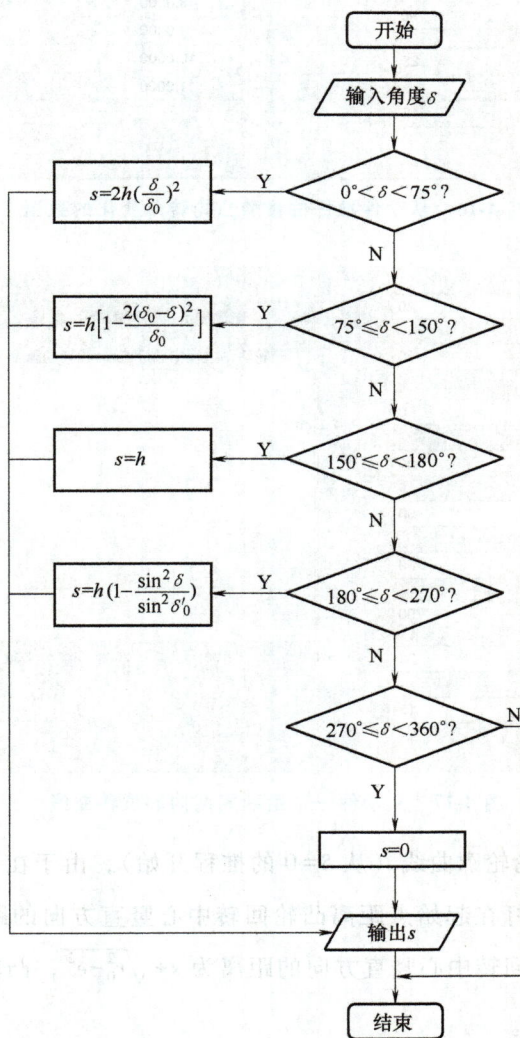

图 4-15　计算机辅助绘制凸轮机构 s-δ 图像流程图

利用 MATLAB 软件得到从动件推杆位移随凸轮转角变化的数据如图 4-16 所示，从动件一个运动周期内的位移曲线如图 4-17 所示。

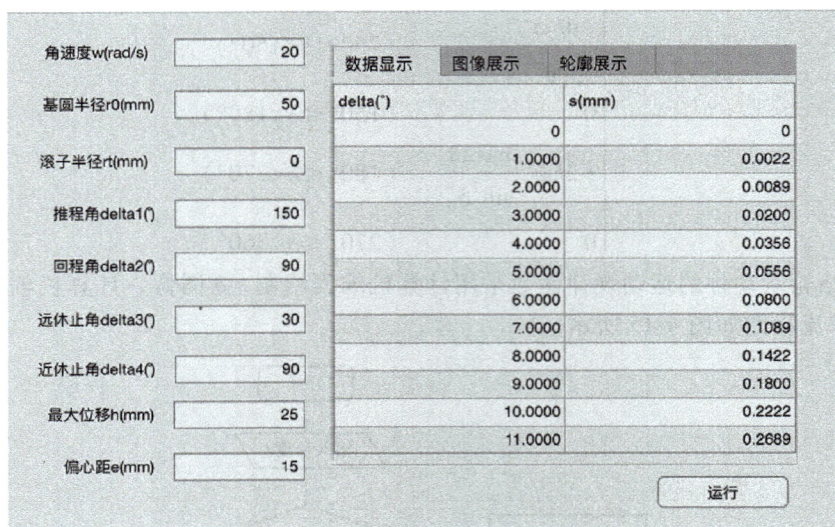

图 4-16　从动件推杆位移随凸轮转角变化的数据

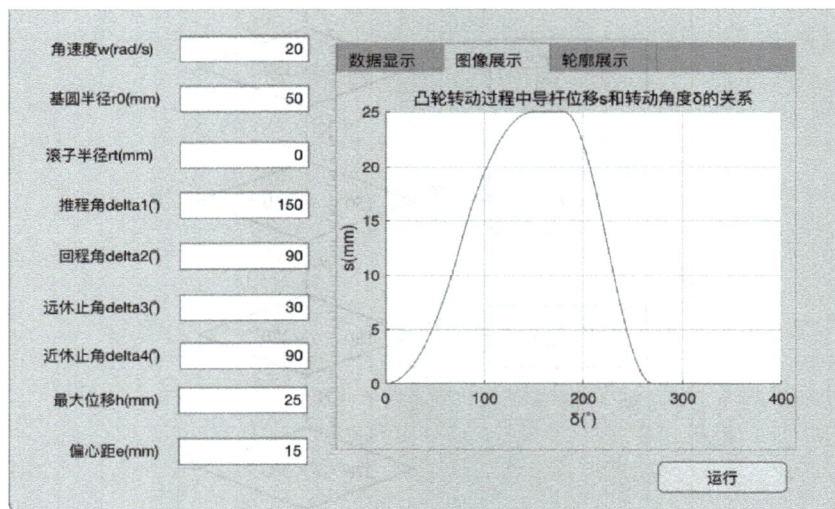

图 4-17　从动件一个运动周期内的位移曲线

通过 s-δ 函数绘制凸轮轮廓曲线（从 $\delta=0$ 的推程开始），由于在一开始凸轮回转中心到轮廓线距离为 r_0，因此推杆在起始点距离凸轮回转中心竖直方向的距离为 $\sqrt{r_0^2-e^2}$，故在此后的运动中推杆距离凸轮回转中心竖直方向的距离为 $s+\sqrt{r_0^2-e^2}$，凸轮回转中心到轮廓线的距离为 $\sqrt{\left(s+\sqrt{r_0^2-e^2}\right)^2+e^2}$。

（2）计算机辅助绘制凸轮的轮廓曲线　将上述凸轮轮廓曲线函数表达式输入计算机进行编程绘图，计算机辅助绘制的凸轮轮廓曲线如图 4-18 所示。

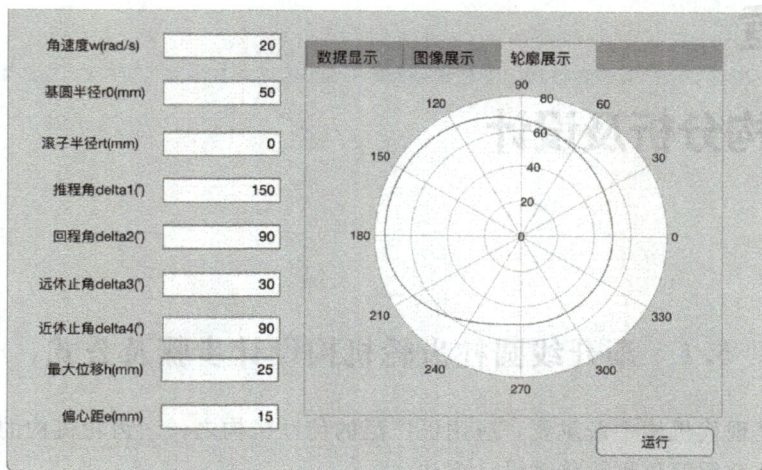

图4-18 计算机辅助绘制的凸轮轮廓曲线

思政拓展：如今，众多工程领域都需要用到计算机软件来进行计算、建模或仿真调试，而计算能力是计算机系统的核心属性之一。扫描右侧二维码了解天河三号的研制历程，以及超级计算机的含义和发展。

科普之窗
中国创造：天河三号

第5章

齿轮机构分析及设计

5.1 渐开线圆柱齿轮机构设计步骤及公式

齿轮机构是现代机械中最重要，应用极广泛的传动机构之一。齿轮机构的设计是必不可少的，本章重点介绍变位齿轮传动设计方法。

5.1.1 齿轮传动分类

渐开线圆柱齿轮传动根据两齿轮变位系数之和 x_1+x_2 与零的关系，分为三种传动类型：$x_1+x_2>0$ 时，为正传动；$x_1+x_2=0$ 时，为零传动；$x_1+x_2<0$ 时，为负传动。

1. 零传动（$x_1+x_2=0$）

两齿轮变位系数之和 $x_1+x_2=0$ 的传动称为零传动。它包括两种类型：标准齿轮传动和高度变位齿轮传动。

（1）标准齿轮传动（$x_1=x_2=0$）　标准齿轮传动的优点是具有良好的互换性，而且几何计算简单，渐开线标准直齿圆柱齿轮几何尺寸计算公式见表5-1。

表 5-1　渐开线标准直齿圆柱齿轮的几何尺寸计算公式

参数名称		符号	计算公式或说明
基本参数	小齿轮齿数	z_1	—
	大齿轮齿数	z_2	—
	模数	m	按标准系列取值
	压力角	α	一般取 $20°$
	齿顶高系数	h_a^*	正常齿取 1
	齿轮顶隙系数	c^*	正常齿取 0.25
一般参数	分度圆直径	d	$d_1=mz_1$；$d_2=mz_2$
	中心距	a	$a=\dfrac{1}{2}(d_2\pm d_1)=\dfrac{1}{2}m(z_2\pm z_1)$
	齿顶高	h_a	$h_a=h_a^* m$
	齿根高	h_f	$h_f=(h_a^*+c^*)m$
	齿高	h	$h=h_a+h_f=(2h_a^*+c^*)m$
	齿顶圆直径	d_a	$d_{a1}=d_1\pm 2h_a=(z_1\pm 2h_a^*)m$；$d_{a2}=d_2\pm 2h_a=(z_2\pm 2h_a^*)m$
	齿根圆直径	d_f	$d_{f1}=d_1\mp 2h_f=(z_1\mp 2h_a^*\mp 2c^*)m$；$d_{f2}=d_2\mp 2h_f=(z_2\mp 2h_a^*\mp 2c^*)m$
	基圆直径	d_b	$d_{b1}=d_1\cos\alpha=mz_1\cos\alpha$；$d_{b2}=d_2\cos\alpha=mz_2\cos\alpha$

（续）

参数名称		符号	计算公式或说明
一般参数	齿距	p	$p = \pi m$
	齿厚	s	$s = \dfrac{\pi m}{2}$
	齿槽宽	e	$e = \dfrac{\pi m}{2}$
	顶隙	c	$c = c^* m$
	基圆齿距	p_b	$p_b = \pi m \cos\alpha$
	传动比	i	$i = \dfrac{\omega_1}{\omega_2} = \dfrac{d_{b2}}{d_{b1}} = \dfrac{d_2}{d_1} = \dfrac{z_2}{z_1}$
	节圆处齿廓的曲率半径	ρ	$\rho_1 = \dfrac{d_1}{2}\sin\alpha; \rho_2 = \dfrac{d_2}{2}\sin\alpha$

注：1. 符号±、∓中上面的用于外齿轮，下面的用于内齿轮。在中心距计算公式中，上面的用于外啮合，下面的用于内啮合。

2. 因为 $zp_b = \pi d_b = \pi mz\cos\alpha$，所以 $p_b = \pi m\cos\alpha$。

对于渐开线斜齿圆柱齿轮传动，通常采用调整螺旋角的大小来配凑中心距，实现标准中心距传动，外啮合平行轴斜齿圆柱齿轮机构几何尺寸计算式见表5-2。

表 5-2 外啮合平行轴斜齿圆柱齿轮机构的几何尺寸计算公式

参数名称		符号	计算公式或说明
基本参数	小齿轮齿数	z_1	—
	大齿轮齿数	z_2	—
	法面模数	m_n	取标准值，与直齿轮相同
	法面压力角	α_n	取标准值，与直齿轮相同
	法面齿顶高系数	h_{an}^*	取标准值，与直齿轮相同
	法面顶隙系数	c_n^*	取标准值，与直齿轮相同
	小斜齿轮螺旋角	β_1	$\beta_1 = -\beta_2$，一般取 $8° \sim 15°$
	大斜齿轮螺旋角	β_2	$\beta_2 = -\beta_1$，一般取 $8° \sim 15°$
	小斜齿轮法面变位系数	x_{n1}	根据当量齿数选取
	大斜齿轮法面变位系数	x_{n2}	根据当量齿数选取
一般参数	端面模数	m_t	$m_t = \dfrac{m_n}{\cos\beta}$
	端面分度圆压力角	α_t	$\tan\alpha_t = \dfrac{\tan\alpha_n}{\cos\beta}$
	端面齿顶高系数	h_{at}^*	$h_{at}^* = h_{an}^* \cos\beta$
	端面顶隙系数	c_t^*	$c_t^* = c_n^* \cos\beta$
	当量齿数	z_v	$z_{v1} = \dfrac{z_1}{\cos^3\beta}; z_{v2} = \dfrac{z_2}{\cos^3\beta}$
	端面变位系数	x_t	$x_{t1} = x_{n1}\cos\beta; x_{t2} = x_{n2}\cos\beta$
	端面啮合角	α_t'	$\mathrm{inv}\alpha_t' = \dfrac{2(x_{t1}+x_{t2})}{z_1+z_2}\tan\alpha_t + \mathrm{inv}\alpha_t$

（续）

参数名称	符号	计算公式或说明
分度圆直径	d	$d_1 = m_t z_1 ; d_2 = m_t z_2$
标准齿轮中心距	a	$a = \dfrac{d_1 + d_2}{2} = \dfrac{m_n}{2\cos\beta}(z_1 + z_2)$
实际中心距	a'	$a' = a\dfrac{\cos\alpha_t}{\cos\alpha_t'}$
齿顶高	h_a	$h_a = (h_{an}^* + x_n)m_n$
齿根高	h_f	$h_f = (h_{an}^* + c_n^* - x_n)m_n$
中心距变动系数	y_t	$y_t = \dfrac{a' - a}{m_t}$
齿高变动系数	Δy_t	$\Delta y_t = x_{t1} + x_{t2} - y_t$
齿顶圆直径	d_a	$d_{a1} = d_1 + 2h_a ; d_{a2} = d_2 + 2h_a$
齿根圆直径	d_f	$d_{f1} = d_1 - 2h_f ; d_{f2} = d_2 - 2h_f$
基圆直径	d_b	$d_{b1} = d_1 \cos\alpha_t ; d_{b2} = d_2 \cos\alpha_t$
节圆直径	d'	$d_1' = \dfrac{d_{b1}}{\cos\alpha_t'} ; d_2' = \dfrac{d_{b2}}{\cos\alpha_t'}$
端面齿顶圆压力角	α_{at1}	$\alpha_{at1} = \arccos\left(\dfrac{d_{b1}}{d_{a1}}\right) ; \alpha_{at2} = \arccos\left(\dfrac{d_{b2}}{d_{a2}}\right)$
端面重合度	ε_α	$\varepsilon_\alpha = \dfrac{z_1(\tan\alpha_{at1} - \tan\alpha_t') + z_2(\tan\alpha_{at2} - \tan\alpha_t')}{2\pi}$
轴面重合度	ε_β	$\varepsilon_\beta = \dfrac{B\sin\beta}{\pi m_n}$
总重合度	ε_γ	$\varepsilon_\gamma = \varepsilon_\alpha + \varepsilon_\beta$
不发生根切的最少齿数	z_{min}	$z_{min} = \dfrac{2h_{an}^* \cos\beta}{\sin^2\alpha_t}$

一般参数（合并于表左侧，覆盖上述各行）

64

（2）高度变位齿轮传动（$x_1 = -x_2 \neq 0$） 高度变位齿轮传动特点是：小齿轮采用正变位，大齿轮采用负变位，两齿轮变位系数均满足 $x \geqslant h_a(z_{min} - z)/z_{min}$，即不发生根切的最小变位系数，进一步推导得到两齿轮传动齿数关系为 $z_1 + z_2 \geqslant 2z_{min}$，其中，$z_{min}$ 为不发生根切的最少齿数，对于标准齿轮，其不发生根切的 $z_{min} = 17$。两齿轮传动中心距大小等于标准中心距，实际啮合角等于标准压力角。只是两齿轮齿顶高与齿根高发生变化，导致它们的齿顶圆直径与齿根圆直径发生改变，但两齿轮齿高不变。

相对于标准齿轮传动而言，高度变位齿轮传动具有如下优点。

1）可以获得更紧凑的传动尺寸。小齿轮正变位，在避免根切的情况下，其齿数可以取得更小，由于齿轮传动的传动比一定，所以大齿轮的齿数可以相应地减少，因此结构更加紧凑。

2）相对提高齿轮抗弯强度。小齿轮是一对齿轮传动中磨损比较严重的那个，而磨损部位往往在轮齿根部附近，对小齿轮进行正变位，加大轮齿根部厚度，从而提高了齿轮传动的承载能力。

3）改善齿轮磨损情况。齿轮的磨损部位在根部附近，高度变位齿轮传动中，小齿轮正变位、大齿轮负变位后，小齿轮齿顶圆半径加大，大齿轮齿顶圆半径减小，这样两齿轮的实际啮合点 B_2 远离极限啮合点 N_1，实际上就是啮合点 B_2 对强度弱的小齿轮向其齿顶方向移动了，改善了其根部的受力情况，因此，减轻了小齿轮的齿根面的磨损。

高度变位齿轮传动中，由于中心距等于标准中心距，因此互换性也较好。但是小齿轮正变位后，其齿顶变尖，重合度会略有下降。

2. 正传动（$x_1 + x_2 > 0$）

正传动与标准齿轮传动相比，其中心距与啮合角均变大，由于正变位可以避免根切，故正传动的两齿轮齿数不受根切条件限制，即 $z_1 + z_2 < 2z_{min}$。由于啮合角不等于标准压力角，故这种传动又称为角度变位齿轮传动。

相对于标准齿轮传动而言，正传动具有如下优点。

1）结构尺寸更小。由于正传动的两齿轮齿数不受根切条件限制，即 $z_1 + z_2 < 2z_{min}$，故大、小齿轮的齿数都可以取得更小，从而结构更紧凑。

2）可以采用非标准中心距。由于正传动的两齿轮变位系数之和大于零，因此可以采用变位系数对中心距在一定范围内进行调整，即可以配凑中心距。

3）提高齿轮传动的接触强度。正传动中心距变大，即两齿轮的节圆变大，节圆处的两齿廓的曲率半径也会变大，从而使得接触应力计算值变小，即提高了齿轮传动的接触强度。

4）提高齿轮的抗弯强度。若正传动的大、小齿轮都采用正变位，则大、小齿轮的抗弯强度都可以得到提高。

5）改善齿轮磨损情况。正传动加大了中心距和啮合角，实际啮合线段长度更短，两齿轮的实际啮合点 B_2、B_1 远离极限啮合点 N_1、N_2，所以齿根部的磨损更小。

正传动中由于实际啮合线段变短，导致重合度降低明显，因此还要关注重合度是否满足要求。

3. 负传动（$x_1 + x_2 < 0$）

负传动与标准齿轮传动相比，其中心距与啮合角均减小，故也属于角度变位齿轮传动。两齿轮齿数必须受根切条件限制，即 $z_1 + z_2 \geq 2z_{min}$。相对于标准齿轮传动而言，负传动在轮齿强度及磨损方面的性能都有所下降，所以很少在实际生产中使用。但是负传动的重合度有所提高，故主要用于需要配凑中心距使实际中心距小于标准中心距的场合。

5.1.2　齿轮机构几何设计的要求及步骤

齿轮机构的几何设计，就是合理选择齿轮参数以满足给定的尺寸和运动要求，保证良好的啮合性能，并计算出所需要的全部几何尺寸。对于标准齿轮，由于参数都是标准化的，其尺寸计算也很简单，所以，齿轮机构的几何设计，主要讨论的是变位齿轮传动的设计。

1. 齿轮机构几何设计的要求

进行齿轮机构几何设计参数选择时，要注意到参数对强度和耐磨性的影响，不需要进行力的分析和强度计算。而是以满足一定传动质量指标为目的进行齿轮机构的几何计算。

2. 齿轮机构几何设计的步骤

齿轮机构几何设计根据中心距是否限定，分为下面两类。

（1）限定中心距的设计　已知：两齿轮传动的传动比 i_{12}、实际中心距 a'、模数 m、分

度圆压力角 α、齿顶高系数 h_a^* 和顶隙系数 c^*。几何设计步骤如下。

1）选择两齿轮齿数 z_1 和 z_2。理论中心距与实际中心距关系为

$$a\cos\alpha = a'\cos\alpha'$$

理论中心距为

$$a = \frac{m(z_1+z_2)}{2}$$

两齿轮齿数关系为

$$i_{12} = \frac{z_2}{z_1}$$

根据上面三式整理得

$$z_1 = \frac{2a'\cos\alpha'}{m(1+i_{12})\cos\alpha} \approx \frac{2a'}{m(1+i_{12})}; \quad z_2 = i_{12}z_1$$

根据上式确定两齿轮的齿数，由于齿数为整数，所以当上式计算得到的齿数刚好为整数时，该齿轮传动为零传动。可以采用互换性好的标准齿轮传动和强度较高的高度变位齿轮传动。若按上式计算得到的齿数并非整数，则要按就近取较小整数原则确定两齿轮齿数，从而得到正传动齿轮机构。

2）确定两齿轮的变位系数。首先根据理论中心距与实际中心距关系式求出实际啮合角 α'，即

$$\alpha' = \arccos\frac{a\cos\alpha}{a'}$$

再根据齿轮传动无侧隙啮合方程

$$\mathrm{inv}\alpha' = \frac{2(x_1+x_2)}{z_1+z_2}\tan\alpha + \mathrm{inv}\alpha$$

得到

$$x_1+x_2 = \frac{z_2+z_1}{2\tan\alpha}(\mathrm{inv}\alpha' - \mathrm{inv}\alpha)$$

最后分别确定 x_1 和 x_2，变位系数的分配要满足齿轮设计的诸多要求，如要满足等弯曲强度要求和一般小齿轮的变位系数大于大齿轮的变位系数的要求。除了要满足上面两个要求外，还必须满足

$$x \geqslant \frac{h_a(z_{\min}-z)}{z_{\min}}$$

3）计算两齿轮各部分尺寸。外啮合直齿圆柱齿轮机构的几何尺寸计算公式见表 5-3。

表 5-3 外啮合直齿圆柱齿轮机构的几何尺寸计算公式

参数名称		符号	标准齿轮传动	变位齿轮传动	
				零传动	正传动、负传动
基本参数	小齿轮齿数	z_1		—	
	大齿轮齿数	z_2		—	
	小齿轮变位系数	x_1		—	

（续）

参数名称		符号	标准齿轮传动	变位齿轮传动	
				零传动	正传动、负传动
基本参数	大齿轮变位系数	x_2	—		
	模数	m	取标准值		
	压力角	α	取标准值		
	齿顶高系数	h_a^*	取标准值		
	顶隙系数	c^*	取标准值		
一般参数	变位系数	x	$x_1 = x_2 = 0$	$x_1 + x_2 = 0$	$x_1 + x_2 \neq 0$
	分度圆直径	d	$d = mz$		
	基圆直径	d_b	$d_b = mz\cos\alpha$		
	啮合角	α'	$\alpha' = \alpha$		$inv\alpha' = \dfrac{2(x_1+x_2)}{z_1+z_2}\tan\alpha + inv\alpha$
	节圆直径	d'	$d' = d$		$d' = \dfrac{\cos\alpha}{\cos\alpha'}d$
	中心距	a、a'	$a = \dfrac{1}{2}(d_1+d_2)$		$a' = \dfrac{1}{2}(d_1'+d_2') = \dfrac{\cos\alpha}{\cos\alpha'}a$
	中心距变动系数	y	$y = 0$		$y = \dfrac{a'-a}{m} = \dfrac{z_2-z_1}{2}\left(\dfrac{\cos\alpha}{\cos\alpha'}-1\right)$
	齿高变动系数	Δy	$\Delta y = 0$		$\Delta y = x_1 + x_2 - y$
	齿顶高	h_a	$h_a = h_a^* m$	$h_a = (h_a^* + x)m$	$h_a = (h_a^* + x - \Delta y)m$
	齿根高	h_f	$h_f = (h_a^* + c^*)m$		$h_f = (h_a^* + c^* - x)m$
	齿高	h	$h = (2h_a^* + c^*)m$		$h = (2h_a^* + c^* - \Delta y)m$
	齿顶圆直径	d_a	$d_a = d + 2h_a$		
	齿根圆直径	d_f	$d_f = d - 2h_f$		
	齿厚	s	$s = \dfrac{\pi m}{2}$		$s = \dfrac{\pi m}{2} + 2xm\tan\alpha$
	节圆处齿廓的曲率半径	ρ	$\rho = \dfrac{d'}{2}\sin\alpha'$		

4）验算齿轮传动的限定条件。齿轮传动限定条件验算公式见表5-4。

表5-4 齿轮传动限定条件验算公式

限定条件	验算公式
不根切条件	$x \geq h_a^* - \dfrac{z\sin^2\alpha}{2}$
不干涉条件	$\tan\alpha' - \dfrac{z_2(\tan\alpha_{a2} - \tan\alpha')}{z_1} \geq \tan\alpha - \dfrac{4(h_a^* - x_1)}{z_1\sin2\alpha}$ $\tan\alpha' - \dfrac{z_1(\tan\alpha_{a1} - \tan\alpha')}{z_2} \geq \tan\alpha - \dfrac{4(h_a^* - x_2)}{z_2\sin2\alpha}$
重合度条件	$\dfrac{1}{2\pi}\left[z_1(\tan\alpha_{a1} - \tan\alpha') + z_2(\tan\alpha_{a2} - \tan\alpha')\right] \geq [\varepsilon_\alpha]$

67

（续）

限定条件	验算公式
齿顶高条件	$d_a\left[\dfrac{1}{z}\left(\dfrac{\pi}{2}+2x\tan\alpha\right)+\text{inv}\alpha-\text{inv}\alpha_a\right]\geqslant[s_a^*]m$ $[s_a^*]$ 为许用齿顶高系数，当齿轮硬度大于 38HRC 时取 0.4，其他齿轮可取 0.25。

（2）非限定中心距的设计　已知：两齿轮的齿数 z_1 和 z_2、模数 m、分度圆压力角 α、齿顶高系数 h_a^* 和顶隙系数 c^*。几何设计步骤如下。

1）选择齿轮传动类型。通过判定两齿轮的齿数和是否大于或小于 $2z_{\min}=34$，来确定传动为正传动、负传动还是零传动。

2）选择齿轮的变位系数。齿轮的变位系数均要求满足

$$x\geqslant\frac{h_a(z_{\min}-z)}{z_{\min}}$$

3）确定实际中心距 a' 和实际啮合角 α'。根据齿轮传动无侧隙啮合方程

$$\text{inv}\alpha'=\frac{2(x_1+x_2)}{z_1+z_2}\tan\alpha+\text{inv}\alpha$$

得到实际啮合角 α'。

再根据理论中心距与实际中心距关系式，求得实际中心距

$$a'=\frac{a\cos\alpha}{\cos\alpha'}$$

4）计算两齿轮各部分尺寸，见表 5-3。

5.2　变位系数的选择

1. 变位系数的选择原则

变位齿轮传动的优点能否充分发挥，在很大程度上取决于变位系数的选择是否合理。变位系数的选择不仅仅是为了配凑中心距，还为了提高齿轮传动强度和改善传动质量。变位系数的选择是一个复杂的问题，根据不同工况，其选择应遵循以下原则。

（1）提高齿轮传动的承载能力　对于闭式软齿面（齿面硬度≤350HBW），齿轮传动失效形式为点蚀，此时接触强度比较低，建议采用总变位系数 x_Σ（$x_\Sigma=x_1+x_2$）较大的正传动，以增大综合曲率半径，降低齿面接触应力，从而提高齿面接触强度。

（2）保证两齿轮的齿根弯曲强度趋于相等　对于闭式硬齿面（齿面硬度≥350HBW），齿轮传动失效形式为轮齿弯曲疲劳折断，此时抗弯能力较差，建议采用总变位系数 x_Σ 较大的正传动，以增大提高弯曲强度的齿根厚度，使两齿轮的齿根弯曲强度趋于相等。

（3）保证两齿轮根部的滑动系数相等，减少或均衡齿面磨损　对于开式齿轮传动，齿轮传动失效形式为齿面磨损，对于高速、重载等重要齿轮传动，齿面易产生胶合破坏，建议采用 $\alpha'>\alpha$ 的正传动，并适当分配两齿轮变位系数 x_1 和 x_2，使两齿面的滑动率较小，并保证两齿轮根部的滑动系数相等。

（4）提高齿轮传动的平稳性　对于高速、重载或仪器仪表中的精密齿轮传动，对传动

的要求是平稳和精确，建议采用啮合角 α' 较小的变位传动，使重合度尽可能大，从而提高齿轮传动的平稳性。

2. 变位系数选择限制条件

根据不同的工作条件和工作要求，按照不同的原则选择变位系数，还应受到下面条件的限制。

（1）轮齿根部根切对变位系数选择的限制　对于标准齿轮，当 $z \leqslant z_{min}$ 时齿轮根部发生根切。对于直齿轮、斜齿轮，采用齿条形刀具加工的标准齿轮不发生根切的最小齿数 z_{min} 分别为

$$z_{min} = \frac{2h_a^*}{\sin^2\alpha} \quad （直齿轮）$$

$$z_{min} = \frac{2h_{an}^*\cos\beta}{\sin^2\alpha_t} \quad （斜齿轮）$$

式中，β、h_{an}^*、α_t 分别为斜齿轮分度圆上的螺旋角、法向齿顶高系数和端面压力角。

对于变位量较小的正变位（$z \leqslant z_{min}$）和变位量过大的负变位，即使 $z > z_{min}$ 也会使轮齿根部发生根切现象，为了避免上述现象出现，要求限制变位系数，不使变位齿轮产生根切的变位系数的最小值称为最小变位系数 x_{min}，即

$$x \geqslant x_{min} = \frac{h_a^*(z_{min}-z)}{z_{min}} = h_a^* - \frac{z\sin^2\alpha}{2}$$

（2）齿顶变尖对变位系数选择的限制　齿顶厚度计算公式为

$$s_a = s\frac{r_a}{r} - 2r_a(inv\alpha_a - inv\alpha)$$

式中，r、r_a 为齿轮的分度圆半径、齿顶圆半径；α、α_a 分别为分度圆压力角（一般为 $\alpha = 20°$）、齿顶圆压力角；s 为分度圆上的齿厚，其计算公式为

$$s = \frac{\pi m}{2} + 2xm\tan\alpha$$

当正变位系数过大时，齿顶会变尖。为了保证齿顶强度，要求齿顶厚度 $s_a \geqslant (0.25 \sim 0.4)m$，若不能满足上述条件，则应适当减小变位系数，重新设计。

（3）重合度对变位系数选择的限制　重合度 ε 的大小是衡量齿轮是否连续传动及齿轮传动承载能力大小的物理量，重合度越大，齿轮传动的承载能力越强，为保证一对齿轮连续传动，应有 $\varepsilon \geqslant [\varepsilon]$。对于直齿圆柱齿轮传动，一般要求 $\varepsilon = \varepsilon_\alpha \geqslant 1.2$；对于斜齿圆柱齿轮传动，要求 $\varepsilon \geqslant \varepsilon_\alpha + \varepsilon_\beta \geqslant 2$。具体的重合度计算公式为

$$\varepsilon_\alpha = \frac{1}{2\pi}[z_1(\tan\alpha_{a1} - \tan\alpha') + z_2(\tan\alpha_{a2} - \tan\alpha')]$$

$$\varepsilon_\beta = \frac{B\sin\beta}{\pi m_n}$$

式中，ε_α 为齿轮端面重合度；ε_β 为斜齿轮的轴面重合度；α_a 为齿顶圆压力角 $\alpha_a = \arccos(r_b/r_a)$；$\alpha'$ 为齿轮传动啮合角，$\alpha' = \arccos(a\cos\alpha/a')$；$B$ 为斜齿轮齿宽；β 为斜齿轮分度圆上的螺旋角；m_n 为斜齿轮法向模数。

重合度的计算值会随着变位系数的增大而减小，故选择变位系数时，要保证齿轮传动的重合度 ε 不小于重合度的许用值 $[\varepsilon]$。

（4）过渡曲线干涉对变位系数选择的限制　齿轮的渐开线齿廓和齿根圆之间是一段过渡曲线，由于过渡曲线不是渐开线，故不参与啮合，当变位系数选择不当时，齿轮啮合传动中一齿轮的齿顶渐开线会与另一齿轮齿根的过渡曲线相接触，导致两齿廓接触点的公法线不能通过固定的节点 P，从而引起传动比的变化，还可能使两齿轮卡住不动，这种现象称为过渡曲线干涉。要保证不出现此现象，应在采用齿条形刀具切制齿轮时，同时满足大、小两齿轮本身不产生干涉的条件，即

$$\tan\alpha' - \frac{z_2(\tan\alpha_{a2} - \tan\alpha')}{z_1} \geq \tan\alpha - \frac{4(h_a^* - x_1)}{z_1 \sin 2\alpha}$$

$$\tan\alpha' - \frac{z_1(\tan\alpha_{a1} - \tan\alpha')}{z_2} \geq \tan\alpha - \frac{4(h_a^* - x_2)}{z_2 \sin 2\alpha}$$

式中，α 和 α' 分别为两齿轮的压力角和齿轮啮合的啮合角；α_{a1} 和 α_{a2} 分别为两齿轮的齿顶圆压力角；x_1 和 x_2 分别为两齿轮的变位系数。

3. 变位系数选择方法

（1）利用线图选择变位系数　西北工业大学濮良贵教授编写的濮良贵《机械设计》（第10版）笔记和课后习题（含考研真题）详解一书中介绍了利用线图选择变位系数的方法，如图 5-1 所示。先根据两齿轮的齿数和 $z_\Sigma = z_1 + z_2$ 及部分性能指标，由图 5-1a 确定出两齿轮变位系数和 $x_\Sigma = x_1 + x_2$；再通过图 5-1b 从点 $\left(\dfrac{z_\Sigma}{2}, \dfrac{x_\Sigma}{2}\right)$ 作射线，要求此射线与相邻两标线之间的距离保持不变，此射线与横坐标对应的各齿数所作横坐标的垂线交点对应的纵坐标的值即为所求各齿轮的变位系数 x_1 和 x_2。

此线图选择的变位系数可以保证齿轮加工不根切，满足齿顶厚要求及端面重合度要求，均在对应的标注虚线右侧取值。

（2）封闭图法　在朱景梓编写的《变位齿轮移距系数的选择》一书中给出了许多齿轮组合封闭图，设计时可以参考选用变位系数。此方法是将对变位系数的所有限制条件表达成限制指标，这些限制指标为齿轮基本参数 α、h_a^* 和 c^* 的函数，也是齿数 z_1、z_2 和变位系数 x_1、x_2 的函数。若建立两轮齿变位系数为坐标轴的平面坐标系，则一些限制指标和性能指标在这个坐标系内就可以采用平面曲线来体现，多个平面曲线围成一个封闭区域，两齿轮的变位系数 x_1、x_2（即横坐标与纵坐标）确定的点称为方案点，该方案点必须落在多个平面曲线围成的封闭区域内部。

（3）计算机编程计算法　按上面的原则及相关的计算公式，采用计算机编程计算，可得到需要的变位系数。此方法的优点是求解精度高，求解速度快，调节参数方便；缺点是建立数学模型，编制程序上机调试需要的工作量比图解法大。下面以内啮合少齿差齿轮传动为例介绍此方法。

1）建立数学模型。首先按实际中心距 a' 装配，保证齿轮副不产生齿廓重叠干涉，即应满足齿廓重叠干涉系数 $G_s > 0$ 的条件，即

a)

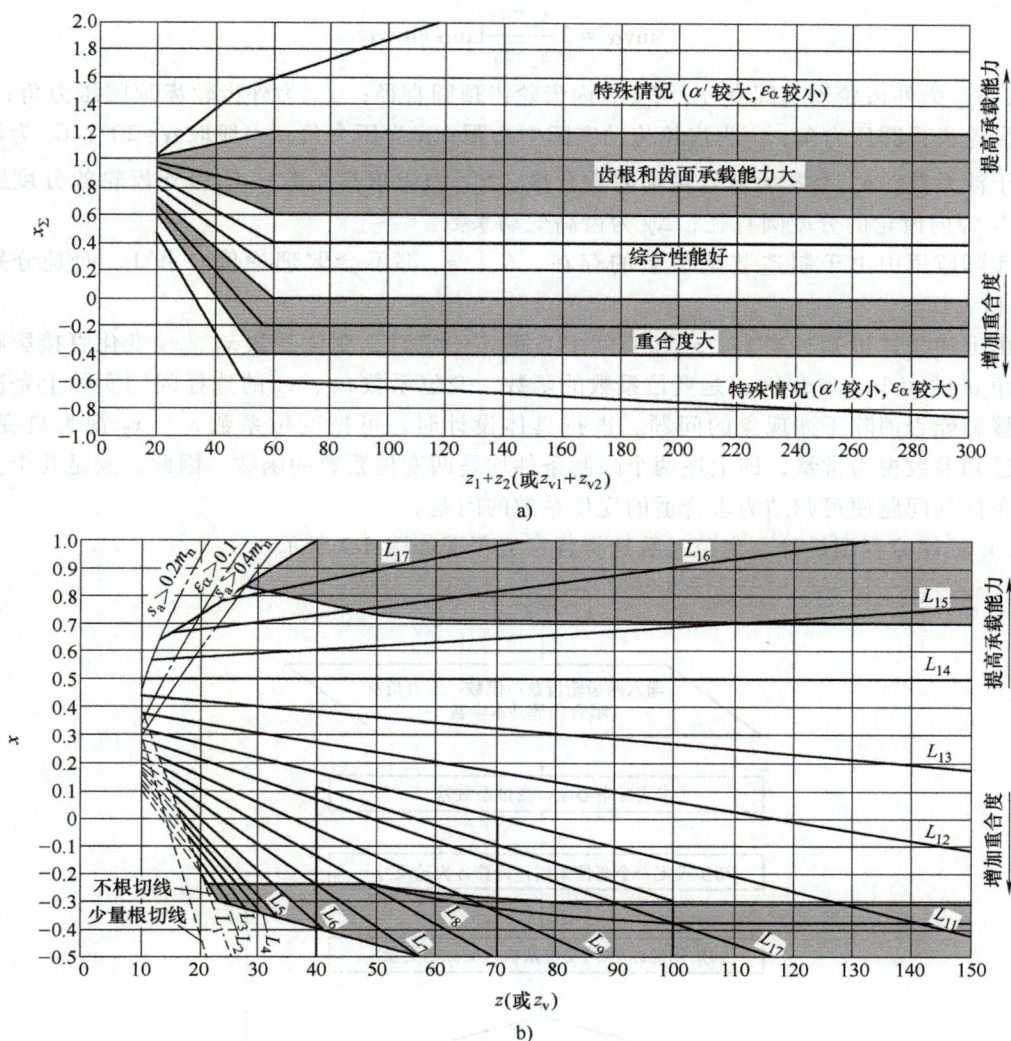

b)

图 5-1 利用线图选择变位系数

$$G_s = z_1(\delta_1 + \mathrm{inv}\alpha_{a1}) - z_2(\delta_2 + \mathrm{inv}\alpha_{a2}) + (z_2 - z_1)\mathrm{inv}\alpha' > 0$$

$$\delta_1 = \arccos\frac{d_{a2}^2 - d_{a1}^2 - 4a'^2}{4d_{a1}a'}$$

$$\delta_2 = \arccos\frac{d_{a2}^2 - d_{a1}^2 + 4a'^2}{4d_{a2}a'}$$

$$d_{a1} = d_1 + 2m(h_a^* + x_1 + \Delta y)$$

$$d_{a2} = d_2 - 2m(h_a^* - x_2 + \Delta y)$$

此外，为保证不发生齿顶干涉，必须满足内啮合齿轮副的重合度 $\varepsilon_\alpha \geqslant 1$ 的条件，即

$$\varepsilon_\alpha = \frac{1}{2\pi}[z_1(\tan\alpha_{a1} - \tan\alpha') - z_2(\tan\alpha_{a2} - \tan\alpha')] \geqslant 1$$

又因为内啮合无侧隙啮合方程为

$$\mathrm{inv}\,\alpha' = 2\frac{x_2 - x_1}{z_2 - z_1}\tan\alpha + \mathrm{inv}\,\alpha$$

式中，d_{a1} 为外齿轮齿顶圆直径；d_{a2} 为内齿轮齿顶圆直径；α_{a1} 为外齿轮齿顶圆压力角；α_{a2} 为内齿轮齿顶圆压力角；a' 为齿轮传动实际中心距；α 为压力角，一般取 $\alpha = 20°$；G_s 为齿廓重叠干涉系数；ε_α 为内啮合齿轮副的重合度；h_a^* 为齿顶高系数；d_1 为外齿轮的分度圆直径；d_2 为内齿轮的分度圆直径；Δy 为齿高变动系数。

实际应用中由于制造装配误差的存在，G_s、ε_α 都不会取理论值 0 和 1，而是分别取 0.05 和 1.05。

由上述公式可知：当 z_1、z_2 和实际中心距 a' 一定时，变位系数 x_1、x_2 变化直接影响到啮合角 α' 的大小。啮合角 α' 是变位系数的函数，变位系数 x_1、x_2 的选择问题实际上是决定齿轮接触能否消除干涉现象的问题。进行具体设计时，可把变位系数 x_1、x_2 视为自变量，而把已知参数视为常量，即上述两个限制条件均是两变位系数的函数。因此，满足几个主要限制条件的问题便可归结为求合适的变位系数的问题。

2）程序流程图设计。变位系数选择程序流程图如图 5-2 所示。

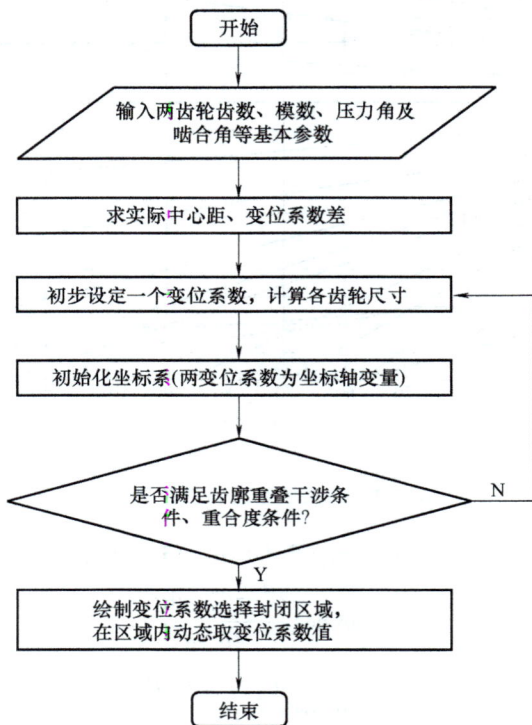

图 5-2　变位系数选择程序流程图

3）计算结果。通过 Visual Basic 语言编写程序，可得到变位系数选择区域界面如图 5-3 所示，界面中的阴影区域即为满足条件的两齿轮变位系数的组合解，将鼠标放置在不同的地方，可得到两变位系数 x_1、x_2 的不同解，界面中显示的是一组满足要求的组合解 $x_1 = 0.227$、$x_2 = 1.630$。还可以根据图 5-3 所示界面中动态显示的 G_s、ε_α 取值情况得到变位系数的最优解。

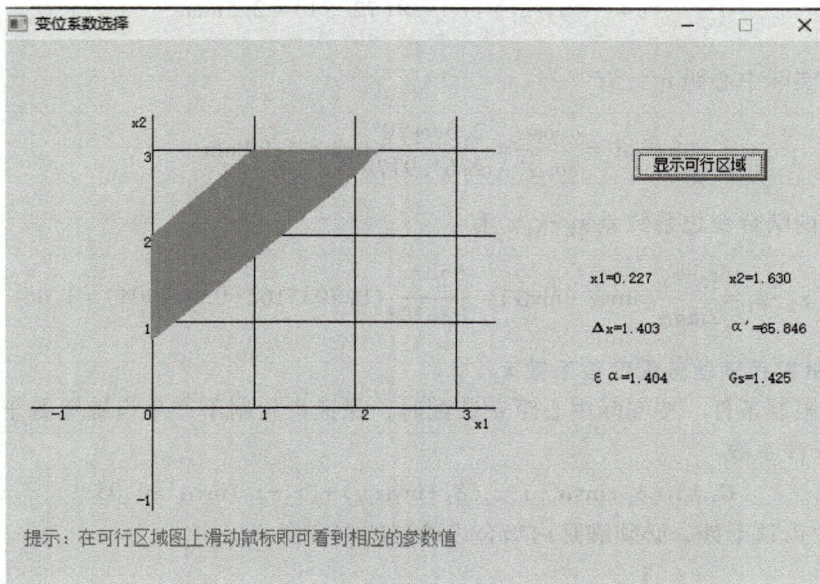

图 5-3 变位系数选择区域界面

5.3 变位齿轮机构计算机辅助设计示例

某石油机械传动中用三曲柄环板减速器，采用具有三个呈直角三角形布置的曲柄内齿环板，环板中心位置切制内齿轮，此内齿轮与输出轴上的外齿轮组成一对少齿差传动，三曲柄环板减速器传动方案如图5-4所示。

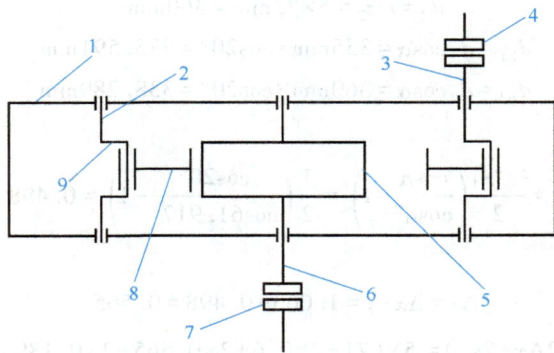

图 5-4 三曲柄环板减速器传动方案
1—箱体 2—上支承轴 3—输入轴 4、7—联轴器 5—外齿轮 6—输出轴 8—内齿轮 9—偏心轴

已知齿轮副的基本参数：$z_1 = 71$，$z_2 = 72$，$\alpha = 20°$，$h_a^* = 0.6$，$m = 5\text{mm}$，$\alpha' = 61.917°$。

1. 建立数学模型

1）确定理论中心距 a，有

$$a = \frac{m}{2}(z_2 - z_1) = \frac{5\text{mm}}{2} \times (72 - 71) = 2.5\text{mm}$$

2）确定实际中心距 a'，有

$$a' = \frac{a\cos\alpha}{\cos\alpha'} = \frac{2.5\cos20°}{\cos61.917°}\text{mm} = 4.99\text{mm}$$

3）确定内啮合变位系数差 $x_2 - x_1$，有

$$x_2 - x_1 = \frac{z_2 - z_1}{2\tan\alpha}(\text{inv}\alpha' - \text{inv}\alpha) = \frac{72 - 71}{2\tan20°}(0.7935162 - 0.014904) = 1.06$$

2. 计算机编程辅助分配变位系数 x_1、x_2

1）确定限制条件。按实际中心距 a' 装配时，保证齿轮副不产生齿廓重叠干涉，即应满足齿廓重叠干涉系数

$$G_S = z_1(\delta_1 + \text{inv}\alpha_{a1}) - z_2(\delta_2 + \text{inv}\alpha_{a2}) + (z_2 - z_1)\text{inv}\alpha' > 0.05$$

为保证不发生齿顶干涉，必须满足内啮合齿轮副的重合度

$$\varepsilon_\alpha = \frac{1}{2\pi}\left[z_1(\tan\alpha_{a1} - \tan\alpha') - z_2(\tan\alpha_{a2} - \tan\alpha')\right] > 1.2$$

内啮合无侧隙啮合方程为

$$\text{inv}\alpha' = 2\frac{x_2 - x_1}{z_2 - z_1}\tan\alpha + \text{inv}\alpha$$

2）具体求解过程。先选定 x_1，再求 x_2，取 $x_1 = 0.189$，则有

$$x_2 = \frac{z_2 - z_1}{2\tan\alpha}(\text{inv}\alpha' - \text{inv}\alpha) + x_1 = 1.063 + 0.189 = 1.252$$

$$d_1 = mz_1 = 5 \times 71\text{mm} = 355\text{mm}$$

$$d_2 = mz_2 = 5 \times 72\text{mm} = 360\text{mm}$$

$$d_{b1} = d_1\cos\alpha = 355\text{mm} \times \cos20° = 333.591\text{mm}$$

$$d_{b2} = d_2\cos\alpha = 360\text{mm} \times \cos20° = 338.289\text{mm}$$

中心距变动系数

$$y = \frac{z_2 - z_1}{2}\left(\frac{\cos\alpha}{\cos\alpha'} - 1\right) = \frac{1}{2}\left(\frac{\cos20°}{\cos61.917°} - 1\right) = 0.498$$

齿高变动系数

$$\Delta y = \Delta x - y = 1.063 - 0.498 = 0.565$$

$$d_{a1} = m(z_1 + 2h_a^* + 2\Delta y + 2x_1) = 5 \times (71 + 2 \times 0.6 + 2 \times 0.565 + 2 \times 0.189)\text{mm} = 368.54\text{mm}$$

$$d_{a2} = m(z_2 - 2h_a^* - 2\Delta y + 2x_2) = 5 \times (72 - 2 \times 0.6 - 2 \times 0.565 + 2 \times 1.258)\text{mm} = 360.87\text{mm}$$

$$\alpha_{a1} = \arccos\frac{d_{b1}}{d_{a1}} = \arccos\frac{333.591}{368.54} = 25.177°$$

$$\alpha_{a2} = \arccos\frac{d_{b2}}{d_{a2}} = \arccos\frac{338.289}{360.87} = 20.38°$$

$$\varepsilon_\alpha = \frac{1}{2\pi}\left[z_1(\tan\alpha_{a1}-\tan\alpha')-z_2(\tan\alpha_{a2}-\tan\alpha')\right]$$

$$= \frac{1}{2\pi}\left[71\times(\tan25.177°-\tan61.917°)-72\times(\tan20.38°-\tan61.917°)\right]=1.35$$

$$\delta_1 = \arccos\frac{d_{a2}^2-d_{a1}^2-4a'^2}{4d_{a1}a'} = \arccos\frac{360.87^2-368.54^2-4\times4.99^2}{4\times368.54\times4.99}=2.456\mathrm{rad}$$

$$\delta_2 = \arccos\frac{d_{a2}^2-d_{a1}^2+4a'^2}{4d_{a2}a'} = \arccos\frac{360.87^2-368.54^2+4\times4.99^2}{4\times360.87\times4.99}=2.439\mathrm{rad}$$

$$G_S = z_1(\delta_1+\mathrm{inv}\alpha_{a1})-z_2(\delta_2+\mathrm{inv}\alpha_{a2})+(z_2-z_1)\mathrm{inv}\alpha'$$

$$= 71\times(2.456+\mathrm{inv}25.177°)-72\times(2.439+\mathrm{inv}20.38°)+(72-71)\mathrm{inv}61.917°=0.631$$

上述求解采用计算机编程求解，最后得到的变位系数选择区域图如图 5-5 所示，取 $x_1 = 0.189$、$x_2 = 1.252$，计算得 ε_α、G_S 分别为 1.349、0.631，满足要求。

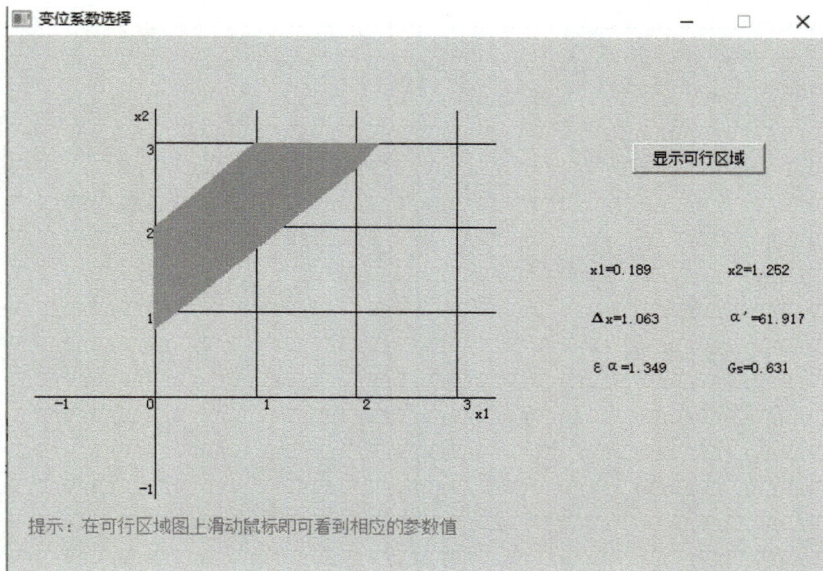

图 5-5 变位系数选择区域图

此设计示例得到齿轮传动的结果参数见表 5-5。

表 5-5 齿轮传动的结果参数

序号	参数名称	符号	计算结果	
			外齿轮	内齿轮
1	模数	m	5mm	
2	压力角	α	20°	
3	齿顶高系数	h_a^*	0.6	
4	啮合角	α'	61.917	
5	齿轮的齿数	z	71	72

（续）

序号	参数名称	符号	计算结果	
			外齿轮	内齿轮
6	变位系数	x	0.189	1.252
7	实际中心距	a'	4.99mm	
8	分度圆直径	d	355mm	360mm

思政拓展：齿轮传动是机械设备中应用最广泛的机械传动方式之一，具有传动比准确、效率高、结构紧凑、工作可靠、寿命长的特点。扫描右侧二维码观看中国第一座30吨氧气顶吹转炉相关视频，分析其中齿轮传动的作用原理。

信物百年
中国第一座30吨
氧气顶吹转炉

第6章

机械原理课程设计题选

6.1 连杆滑块组合机构分析与综合

6.1.1 连杆滑块组合机构介绍与设计数据

1. 连杆滑块组合机构介绍

连杆滑块组合机构简图如图 6-1 所示,采用电动机为原动机,经减速装置减速后驱动曲柄 1 旋转,曲柄 1 通过连杆 2、摇杆 3 和连杆 5 带动滑块 6 做往复直线运动,4 为机架。设计时以摇杆 3 的固定铰链轴心 D 为坐标原点,x 轴方向水平向右,y 轴方向竖直向上。滑块 6 的移动轨迹线、机架 4(AD)和 x 轴三线重合。滑块 6 以向左运动为正行程,正行程时存在生产阻力 F_r,生产阻力方向向右,反行程时无生产阻力。滑块 6 和导轨间存在摩擦阻力 F_f,方向与滑块速度方向相反。连杆滑块组合机构的摇杆极限位置简图如图 6-2 所示,摇杆 3 的两个极限位置转角为 φ_3' 和 φ_3''。

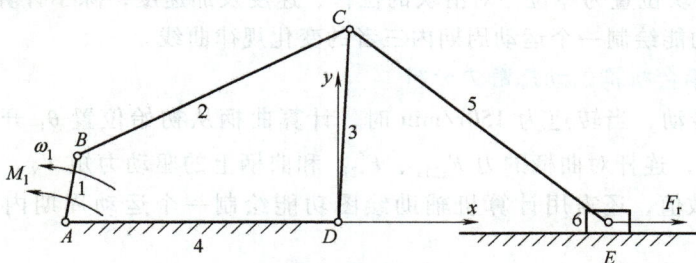

图 6-1 连杆滑块组合机构简图

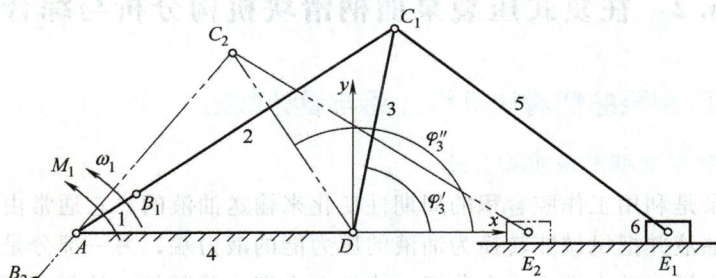

图 6-2 摇杆极限位置简图

2. 连杆滑块组合机构设计数据

连杆滑块组合机构的设计数据见表 6-1。

表 6-1　连杆滑块组合机构的设计数据

参数	摇杆极限位置转角 φ'_3 /(°)	摇杆极限位置转角 φ''_3 /(°)	摇杆长度 /m	滑块行程 /m	行程速度变化系数 k	生产阻力 F_r/N	摩擦阻力 F_f/N	连杆单位长度质量 /(kg/m)
设计数据	80	120	0.22	0.135	1.2	2000	100	50

6.1.2　连杆滑块组合机构设计任务

1. 连杆滑块组合机构总体传动方案的设计

设计一个合理的传动系统，将电动机 1000r/min 的高速转动变为曲柄 150r/min、100r/min、75r/min 的三挡低速转动。要求传动比分配合理，并绘出机构的传动示意图。若使用滑移齿轮实现换挡变速，要保证各对齿轮中心距相同，滑移齿轮为直齿圆柱齿轮时，可用径向变位修正中心距；滑移齿轮为斜齿圆柱齿轮时，可改变螺旋角大小来修正中心距。

2. 连杆滑块组合机构的尺度综合

根据给定的摇杆极限位置转角 φ'_3 和 φ''_3、摇杆长度、滑块行程和行程速度变化系数 k，确定连杆机构的尺寸并验算连杆的传动角，要求滑块行程的计算结果与给定值的相对误差不超过 1%。

3. 连杆滑块组合机构的运动分析

设曲柄匀速转动，当转速为 150r/min 时，计算曲柄从初始位置 θ_1 开始逆时针方向转动，每转过 10°时，滑块的位移、速度及加速度。设曲柄转角为 θ_1 时，曲柄处于图 6-2 所示 AB_1 位置，同时滑块位置为零位。对滑块的位移、速度及加速度，除了计算出数值，还需用计算机辅助绘图功能绘制一个运动周期内三者的变化规律曲线。

4. 连杆滑块组合机构的动态静力分析

设曲柄匀速转动，当转速为 150r/min 时，计算曲柄从初始位置 θ_1 开始逆时针方向转动，每转过 10°时，连杆对曲柄的力 F_{r21x}、F_{r21y} 和曲柄上的驱动力矩 T_N。对 F_{r21x}、F_{r21y} 和 T_N，除了计算出数值，还需用计算机辅助绘图功能绘制一个运动周期内三者的变化规律曲线。

6.2　往复式压裂泵曲柄滑块机构分析与综合

6.2.1　往复式压裂泵曲柄滑块机构介绍与设计数据

1. 往复式压裂泵曲柄滑块机构介绍

往复式压裂泵是利用工作腔容积的周期性变化来输送油液的，它通常由两部分组成：一部分是直接输送油液并把机械能转换为油液的压力能的液力端，另一部分是将原动机的能量传给液力端的动力端。动力端主要有曲柄、连杆、十字头等部件。往复式压裂泵如图 6-3 所示，在液压缸中有柱塞杆和柱塞，液压缸体上装有吸入阀和排出阀。液压缸中柱塞与阀之间的空间称为工作室，它通过吸入阀和排出阀分别与吸入管路和排出管路相连。

往复式压裂泵工作机构示意图如图 6-4 所示，其动力源为高速柴油机，动力由柴油机经过减速装置传递到曲柄，当曲柄以恒定角速度顺时针方向旋转时，柱塞从右极限位置开始向左运动，工作腔的容积增大，压力降低，油液在压力差的作用下克服吸入管路和吸入阀等的阻力损失进入液压缸体中。当柱塞运动到左极限位置时，吸入油液过程停止，吸入阀关闭。曲柄继续旋转，柱塞开始向右运动，液压缸体中的油液被挤压，油液压力迅速升高。在这一压力作用下，排出阀被打开，液压缸内油液在柱塞的作用下被排送到排出管路中去。随着曲柄不停旋转，往复式压裂泵就可以实现连续吸入和排出油液的过程。

图 6-3 往复式压裂泵

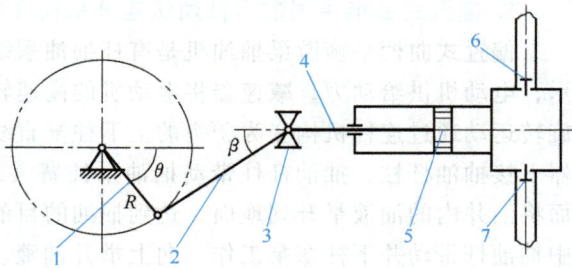

图 6-4 往复式压裂泵工作机构示意图

1—曲柄 2—连杆 3—十字头 4—拉杆
5—柱塞 6—排出阀 7—吸入阀

2. 往复式压裂泵曲柄滑块机构设计数据

往复式压裂泵曲柄滑块机构的设计数据见表 6-2。

表 6-2 往复式压裂泵曲柄滑块机构的设计数据

参数	柱塞行程 H/mm	偏心距 e/mm	最大压力角/(°)	柴油机转速 ω_c/(r/min)	冲次 n/(次/min)	柱塞直径 d_j/mm	排出压力 P_1/MPa	十字头与导轨的摩擦系数 f	十字头质量 m_s/kg	曲柄质量 m_0/kg	连杆质量 m_1/kg
设计数据	101.6	15	50	1000	75	65	35	0.08	20	30	25

6.2.2 往复式压裂泵曲柄滑块机构设计任务

1. 往复式压裂泵总体传动方案的设计

设计一个合理的传动系统，将柴油机的高速旋转变为曲柄的低速旋转，要求思路清晰，传动比分配基本合理，并绘出机构的传动示意图。

2. 往复式压裂泵曲柄滑块机构的尺度综合

按设计数据和设计要求设计曲柄滑块机构。

3. 往复式压裂泵曲柄滑块机构的运动分析

对设计出的曲柄滑块机构进行运动分析，用解析法求出曲柄转角 $\theta = 0°$，15°，30°，…，330°，345°，360°时，十字头的位移、速度、加速度，并画出运动曲线。

4. 往复式压裂泵曲柄滑块机构的动态静力分析

对曲柄滑块机构进行动态静力分析，求出曲柄转角 $\theta = 0°$，15°，30°，…，330°，345°，360°时，连杆与十字头的转动副反力、连杆与曲柄的转动副反力、曲柄与机架的转动副反力，作用在曲柄上的外加力矩 T_N 以及机架对十字头反力的大小和方向，并绘制出作用在曲柄上的外加力矩 T_N 的变化曲线。

6.3 偏置式曲柄平衡游梁抽油机连杆机构分析与综合

6.3.1 偏置式曲柄平衡游梁抽油机连杆机构介绍与设计数据

1. 偏置式曲柄平衡游梁抽油机连杆机构介绍

偏置式曲柄平衡游梁抽油机是有杆抽油系统的地面驱动装置，其结构示意图如图6-5所示，电动机供给动力，减速器将电动机的高速转动变为抽油机曲柄的低速转动，曲柄的低速旋转运动通过连杆机构变为驴头的上下往复直线运动，经悬绳器总成带动抽油泵工作，悬绳器下接抽油杆柱，抽油杆柱带动抽油泵柱塞（或活塞）在泵筒内做上下往复直线运动，从而将油井内的油液举升到地面，达到抽油的目的。悬点向上运动为抽油机工作行程，此过程中抽油杆带动井下柱塞泵工作，向上举升油液。悬点向下运动为回程，此过程不举升油液。悬点上下往复运动过程中所受的负载为悬点负载 W。偏置式曲柄平衡游梁抽油机将平衡块装在曲柄上，适用于重型抽油机，这种平衡方式减少了游梁平衡引起的抽油机摆动，调整比较方便，但是，曲柄上有很大的负载和离心力。

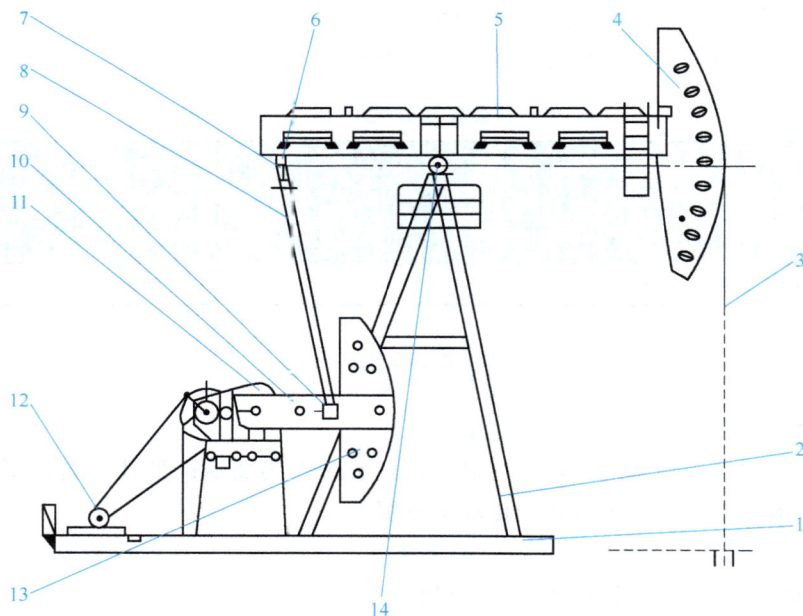

图 6-5 偏置式曲柄平衡游梁抽油机结构示意图

1—底座　2—支架　3—悬绳器（悬点）　4—驴头　5—游梁　6—横梁轴承座　7—横梁　8—连杆
9—曲柄销轴承　10—曲柄　11—减速器　12—电动机　13—曲柄平衡块　14—支架轴承座

常用的偏置式曲柄平衡游梁抽油机工作机构示意图如图6-6所示，它由一曲柄摇杆机构 O_1BDO_2 和一绳轮机构串联而成。R、P、C、K 分别为曲柄、连杆、游梁后臂（即摇杆）和机架的长度。游梁前臂长（即绳轮半径）为 A，两固定支承点的高度差为 H，水平距离为 I，悬点冲程为 S，机构的极位夹角为 θ。

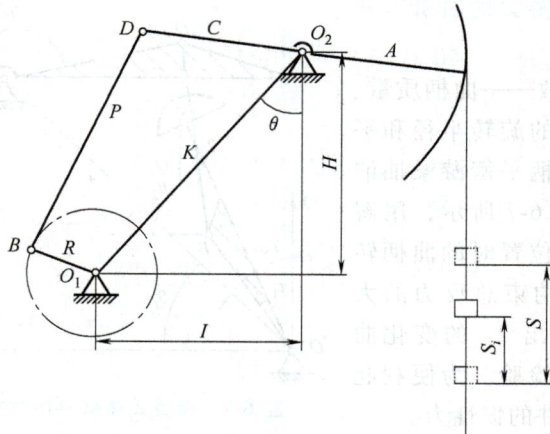

图 6-6 偏置式曲柄平衡游梁抽油机工作机构示意图

2. 偏置式曲柄平衡游梁抽油机连杆机构设计数据

CYJ 12-3.6-53B 型曲柄平衡游梁式抽油机连杆机构的设计数据见表 6-3。

表 6-3 CYJ 12-3.6-53B 型曲柄平衡游梁式抽油机连杆机构的设计数据

参数	悬点冲程 S /m	极位夹角 θ/(°)	冲次 n /(次/min)	悬点额定负载 W/kN	曲柄平衡块重 Q_2/t	曲柄平衡块重心的旋转半径 r/m	平衡相位角 τ_1/(°)
设计数据	3.6	8	5	120	0.8	1.3	12

6.3.2 偏置式曲柄平衡游梁抽油机连杆机构设计任务

1. 偏置式曲柄平衡游梁抽油机总体传动方案的设计

设计一个合理的传动系统，将电动机 980r/min 的高速转动变为抽油杆的低速往复移动（用冲次 n 来表示），传动比误差不大于 5%。在构思机构传动方案时，要较为合理地分配齿轮减速器的传动比，并绘出机构的传动示意图。

2. 偏置式曲柄平衡游梁抽油机连杆机构的尺度综合

根据给定的运动学参数——极位夹角 θ 和悬点冲程 S，用解析法确定机构的所有几何参数。确定机构几何参数时可参考以下建议。

1）游梁摆角通常取 $\psi = 45° \sim 57°$，行程大时取大值，反之取小值。

2）前后游梁长度比值通常取 $A/C = 1 \sim 1.75$，行程大时取大值，反之取小值。

3）曲柄与游梁后臂长度比值通常取 $R/C = 0.45 \sim 0.5$，行程大时取大值，反之取小值。

4）检验最小传动角是否不小于 $[\gamma_{min}]$，$[\gamma_{min}]$ 一般取 40°，最小可取为 36°。

3. 偏置式曲柄平衡游梁抽油机连杆机构的运动分析

根据已定出的机构尺寸参数及原动件转速，用解析法计算当曲柄转角 θ_1 从悬点处于最低点时起，沿转动方向每隔 10° 的运动参数，其中包括各杆的角位置、角速度、角加速度及

抽油机悬点的位移 S_i（以悬点处于最低点为零点）、速度 v_i 和加速度 a_i，应用计算机在同一幅图中绘出抽油机悬点的位移曲线、速度曲线和加速度曲线，并分析计算结果的合理性。

4. 偏置式曲柄平衡游梁抽油机连杆机构的动态静力分析

根据给定的力学参数——曲柄质量、曲柄平衡块重及其重心的旋转半径和平衡相位角，对偏置式曲柄平衡游梁抽油机进行受力分析，如图 6-7 所示，用解析法求出机构处于不同位置时的曲柄转矩 T_N 以及各运动副的约束总反力的大小和方向，用计算机绘出 T_N 的变化曲线，并对计算结果进行检验。为便利起见，计算时可略去各构件的惯性力。

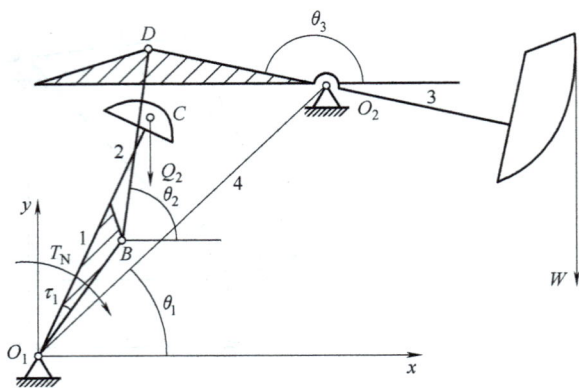

图 6-7　偏置式曲柄平衡游梁抽油机受力分析图

6.4　前置式曲柄平衡游梁抽油机连杆机构分析与综合

6.4.1　前置式曲柄平衡游梁抽油机连杆机构介绍与设计数据

1. 前置式曲柄平衡游梁抽油机连杆机构介绍

前置式曲柄平衡游梁抽油机是一种机械采油装置，其结构如图 6-8 所示。电动机供给动力，经减速器将电动机的高速转动变为抽油机曲柄的低速转动，并由曲柄—连杆—游梁机构将旋转运动变为抽油机驴头的上下往复运动，经悬绳器总成带动抽油泵工作。悬点向上运动为工作冲程，此过程中抽油杆带动井下柱塞泵工作，向上举升油液，悬点所受负载为 W_1，悬点向下运动为回程，此过程不举升油液，悬点所受负载为 W_2。

前置式曲柄平衡游梁抽油机工作机构示意图如图 6-9 所示，该抽油机主体机构为一个曲柄摇杆机构 O_1BDO_2。R、P、C、K 分别为曲柄、连杆、游梁后臂（即摇杆）和机架的长度。游梁前臂长（即驴头弧线半径，也是点 O_2 到井口的距离）为 A，两固定铰链点的高度差（竖直极距）为 H，水平极距为 I，悬点冲程为 S，机构的极位夹角为 θ。

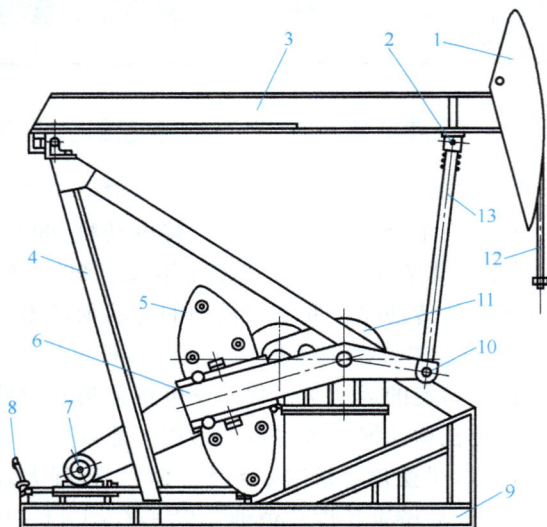

图 6-8　前置式曲柄平衡游梁抽油机结构示意图

1—驴头　2—横梁　3—游梁　4—支架　5—曲柄平衡块
6—曲柄　7—电动机　8—刹车装置　9—底座　10—曲柄销
11—减速器　12—吊绳及悬绳器　13—连杆

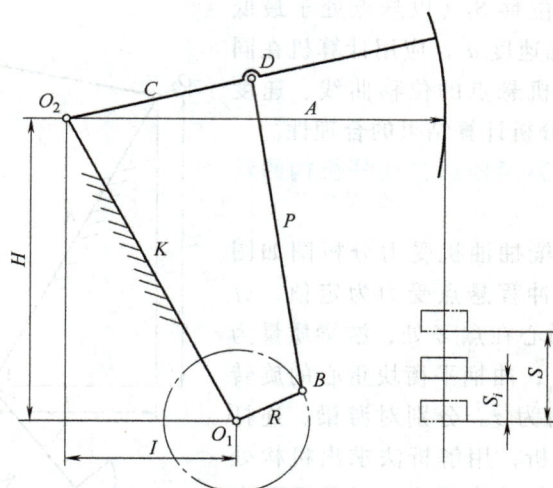

图 6-9 前置式曲柄平衡游梁抽油机工作机构示意图

2. 前置式曲柄平衡游梁抽油机连杆机构设计数据

前置式曲柄平衡游梁抽油机连杆机构的设计数据见表 6-4。

表 6-4 前置式曲柄平衡游梁抽油机连杆机构的设计数据

参数	设计数据	参数	设计数据
悬点冲程 S/m	3.66	曲柄长 R	1.37
电动机转速 $N_d/(\text{r/min})$	750	游梁质量 Q_y/kN	12
行程速度变化系数 k	1.2	曲柄平衡块重 Q_q/kN	112.1
冲次 $n/(\text{次/min})$	9	上冲程悬点负载 W_1/kN	135
前臂长 A/m	7.92	下冲程悬点负载 W_2/kN	74
水平极距 l/m	4.72	曲柄平衡块重心的旋转半径 R_q/m	2.54
竖直极距 H/m	4.04	平衡相位角 $\tau/(°)$	23

6.4.2 前置式曲柄平衡游梁抽油机连杆机构设计任务

1. 前置式曲柄平衡游梁抽油机总体传动方案的设计

设计一个合理的传动系统，将电动机 N_d 的高速转动变为抽油杆的低速往复移动（用冲次 n 来表示），传动比误差不大于 5%。在构思机构传动方案时，要较为合理地分配各部分的传动比，并绘出机构的传动示意图。

2. 前置式曲柄平衡游梁抽油机连杆机构的尺度综合

根据给定的运动学参数，用解析法确定机构中各杆的长度，并判断曲柄的合理转向。

3. 前置式曲柄平衡游梁抽油机连杆机构的运动分析

根据已求出的机构尺度参数及电动机转速，用解析法计算当曲柄转角 θ_1 从悬点处于最低点起，沿转动方向每隔 10° 的运动参数，其中包括机构的传动角 γ，各杆的角位置、角速度、角加速度及悬点的位移 S_i（以悬点处于最低点为零点）、速度 v_i 和加速度 a_i，应用计算机在同一幅图中分别绘出抽油机悬点的位移曲线、速度曲线和加速度曲线，并分析计算结果的合理性。

4. 前置式曲柄平衡游梁抽油机连杆机构的动态静力分析

前置式曲柄平衡游梁抽油机受力分析图如图 6-10 所示，假设上、下冲程悬点受力为定值，分别为 W_1、W_2；游梁的质心在点 Z 处，游梁质量为 Q_y；曲柄平衡块重为 Q_q，曲柄平衡块重心的旋转半径为 R_q，平衡相位角为 τ。分别对游梁、连杆和曲柄进行动态静力分析，用解析法求出机构处于不同位置时各运动副的约束反力，以及需要在曲柄上施加的驱动力矩 T_N，用计算机绘出 T_N 的变化曲线，并对计算结果进行检验。为便利起见，计算时仅考虑游梁的惯性力和惯性力矩。

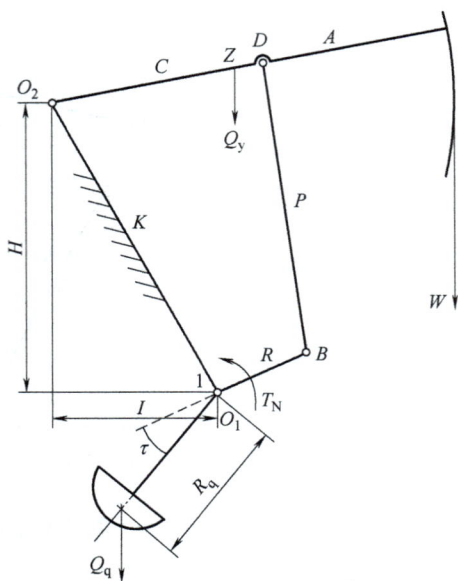

图 6-10　前置式曲柄平衡游梁抽油机受力分析图

6.5　GQ 型钢筋切断机主体机构分析与综合

6.5.1　GQ 型钢筋切断机主体机构介绍与设计数据

1. GQ 型钢筋切断机主体机构介绍

GQ 型钢筋切断机外形如图 6-11 所示，其工作机构示意图如图 6-12 所示。电动机作为动力源，经齿轮减速装置减速后，带动偏心轴旋转，偏心轴上的凸轮推动连杆使滑块和活动刀片在机座的滑道中做往复直线运动，使活动刀片和固定刀片相错而切断钢筋，GQ 型钢筋切断机主体机构中采用凸轮机构来实现偏心轴旋转。

图 6-11　GQ 型钢筋切断机外形

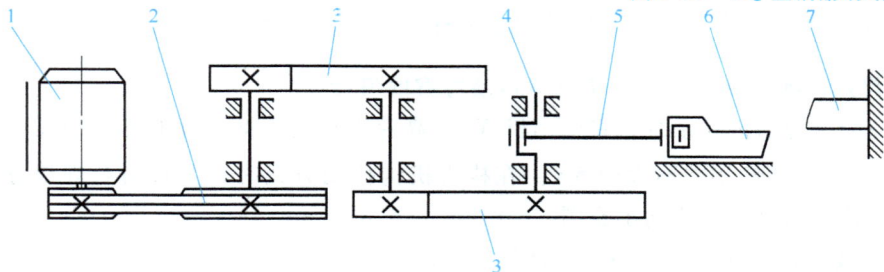

图 6-12　GQ 型钢筋切断机工作机构示意图

1—电动机　2—带传动　3—齿轮传动　4—曲柄　5—连杆　6—活动刀片　7—固定刀片

2. GQ 型钢筋切断机主体机构设计数据

GQ 型钢筋切断机主体机构的设计数据见表 6-5。

表 6-5 GQ 型钢筋切断机主体机构的设计数据

参数	电动机转速 N_d/(r/min)	冲切次数 n/(次/min)	活动刀片行程 /mm	机构最大压力角/(°)	冲切力 /N	连杆质量 /kg	刀架与滑轨之间的摩擦系数 f
设计数据	1420	40	30	5	$2×10^5$	2	0.15

注：1. 不计其余构件质量。

2. 当活动刀片处于最远位置时，曲柄转角为 0°。

3. 活动刀片在正行程时切断钢筋，回程不受外力。

4. 连杆质心位于其几何中心，质量均匀分布。

6.5.2 GQ 型钢筋切断机主体机构设计任务

1. GQ 型钢筋切断机总体传动方案的设计

设计一个合理的传动系统，将电动机 1420~2900r/min 的高速转动变为安装有活动刀片的滑块冲切次数为 28~40 次/min 的低速往复移动。在构思机构传动方案时，要求思路清晰，传动比分配基本合理，并绘出机构的传动示意图。

2. GQ 型钢筋切断机主体机构的尺度综合

根据给定的活动刀片的行程，确定主体机构的尺寸，要求机构最大压力角不超过 5°。

3. GQ 型钢筋切断机主体机构的运动分析

近似认为曲柄转速恒定，根据给定数据计算曲柄在一个运动循环中，即当曲柄转角 $\theta=$ 0°，15°，30°，…，330°，345°，360°时，活动刀片的位移、速度和加速度并应用计算机在同一幅图中分别绘制活动刀片的位移曲线、速度曲线及加速度曲线。

4. GQ 型钢筋切断机主体机构的动态静力分析

对主体机构进行动态静力分析，求出曲柄 $\theta=0°$，15°，30°，…，330°，345°，360°时，连杆与刀架的转动副反力、连杆与曲柄的转动副反力、曲柄与机架的转动副反力的大小和方向以及曲柄上需要施加的驱动力矩 T_N，并应用计算机绘制出该力矩 T_N 的变化曲线。

6.6 牛头刨床主体机构分析与综合

6.6.1 牛头刨床主体机构介绍与设计数据

1. 牛头刨床主体机构介绍

牛头刨床是常见的一种金属加工机床，其机构简图如图 6-13 所示。电动机经过带传动、齿轮传动，最后带动曲柄匀速转动，曲柄再带动主体机构运动，机构中的执行构件一刨刀做往复运动。刨刀右行时进行切削，称为工作行程，此时要求其速度低且均匀，以减少电动机功耗，提高切削质量；刨刀左行时不切削，称为空回行程，此时要求其速度高，以提高生产率。刨刀在工作行程中，受到很大的切削阻力，在切削的前、后各有一段约 0.05H（H 为刨刀行程）的空刀距离，如图 6-14 所示，而空回行程中没有切削阻力，故刨刀在整个运动循环中受力是不均匀的。为了减少主轴速率的波动，需要在主轴上安装飞轮以提高切削质量和减小电动机的功率。

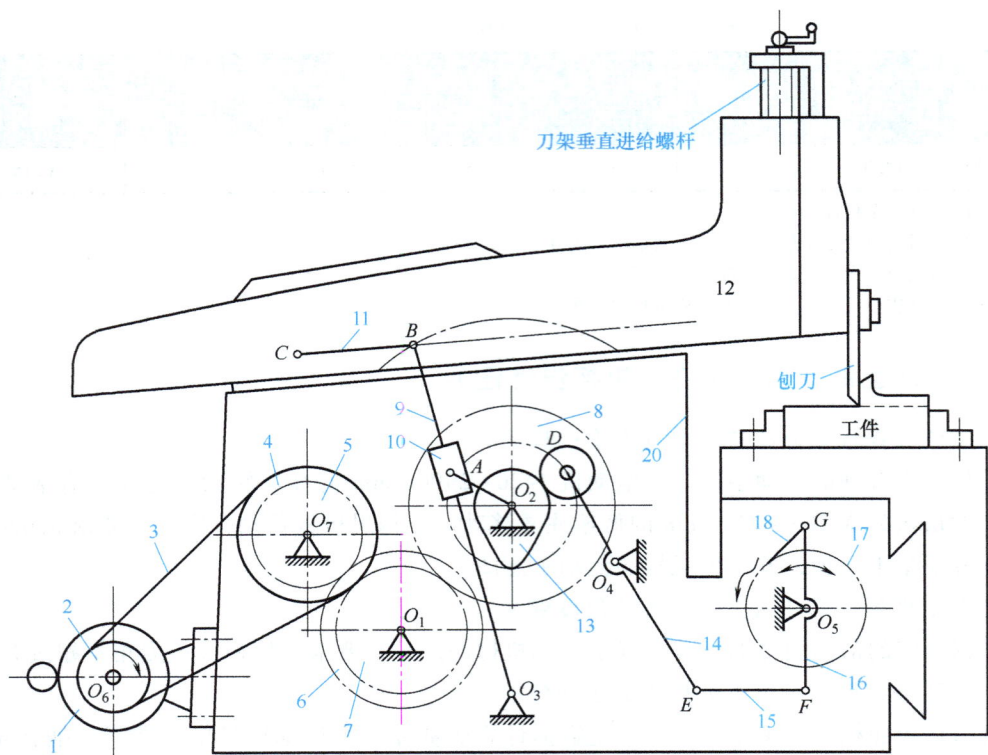

图 6-13　牛头刨床机构简图

1—电动机　2—小带轮　3—皮带　4—大带轮　5—第一级小齿轮　6—第一级大齿轮　7—第二级小齿轮　8—第二级大齿轮
9—导杆　10—滑块　11—刨头　12—机壳　13—凸轮　14、15—连杆　16—往复摆杆　17—棘轮　18—棘爪

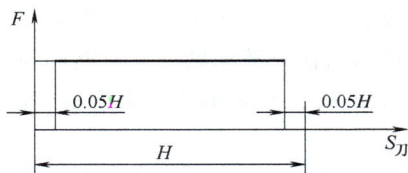

图 6-14　牛头刨床刨刀的切削阻力线图

2. 牛头刨床主体机构设计数据

牛头刨床主体机构的设计数据见表 6-6。

表 6-6　牛头刨床主体机构的设计数据

参数	刨刀的最大行程 H /mm	行程速度变化系数 k	曲柄长度 l_{AB}/mm	滑块长度 /mm	最小传动角 γ_{min}/(°)	刨刀切削阻力 F /kN	摆杆质量 /kg	摆杆转动惯量 /(kg·m²)	滑枕质量 /kg
设计数据	500	2	120	100	65	10	40	3	50

6.6.2　牛头刨床主体机构设计任务

1. 牛头刨床主传动系统传动方案的设计

设计一个合理的传动系统，将电动机 1440r/min 的高速转动变为安装有刨刀的滑枕的低速往复移动,要求有 60 次/min、95 次/min、150 次/min 三挡速度。其中,将转动变为移动的装置(主体机构)采用图 6-13 所示的连杆机构。在构思机构传动方案时,要做到思路清晰,各部分的传动比分配合理,并应用计算机绘出主传动机构的原理示意图。

2. 牛头刨床主体机构的尺度综合

根据上述设计数据,合理确定主体机构的其他尺度参数。

3. 牛头刨床主体机构的运动分析

根据已确定主体机构的尺度参数,按曲柄最低转速的工况对主体机构进行运动分析。用解析法计算当曲柄转角 θ_1 从刨刀处于最右侧时起,沿逆时针方向每转动 10° 的运动参数,其中包括各杆的角位置、角速度、角加速度,以及刨刀的位置 $S_刀$(以最右侧点为零点)、速度 $v_刀$ 和加速度 $a_刀$。应用计算机在同一幅图中绘出一个周期内刨刀的位移曲线、速度曲线和加速度曲线,并分析计算结果的合理性。

4. 牛头刨床主体机构的动态静力分析

假设刨刀在空回行程中不受力,在工作行程中所受的阻力为水平力 F,方向沿滑枕导路方向,除了已知数据外,其余构件的质量和转动惯量以及运动的摩擦忽略不计。用解析法求出机构处于不同位置时应加在曲柄上的驱动力矩 T_N,并应用计算机绘出 T_N 的变化曲线。

> ✂ **思政拓展:** 1970 年 8 月 3 日,国务院中央军委发出《关于建设东北输油管道的通知》,决定先抢修出一条从大庆至抚顺的输油管线。来自全国各地的二十万建设大军,阔别家乡汇集到松辽平原。历经十三个月,大庆的原油通过管道,在近 600 公里外的抚顺喷薄而出,我国第一条大口径长距离输油管道建成通油。扫描右侧二维码观看相关视频。
>
> 信物百年
> 改写油气运输历
> 史的功勋管道

第7章

基于计算机辅助设计的机械原理课程设计实例

7.1 异相型游梁抽油机连杆机构计算机辅助设计与分析

7.1.1 异相型游梁抽油机设计任务

1. 异相型游梁抽油机工作原理

异相型游梁抽油机是油田广泛应用的传统抽油设备，由普通交流电动机直接拖动。曲柄带动抽油杆驱动井下抽油泵做固定周期的上下往复运动，把井下的油液送到地面。

2. 设计内容

1）根据已知数据，采用软件完成抽油机连杆机构的尺度综合。

2）采用解析法对连杆机构进行运动分析，建立参数化数学模型，并能采用软件在一个坐标系内，绘制出抽油杆在一个周期内的位移曲线、速度曲线及加速度曲线。

3）对连杆机构进行动态静力分析，用解析法建立参数化数学模型，求出机构处于不同位置时应加在曲柄上的驱动力矩 T_N，并用计算机绘出 T_N 的变化曲线。

7.1.2 异相型游梁抽油机连杆机构分析与设计

1. 异相型游梁抽油机连杆机构的尺度综合

在连杆机构中，得到最小传动角 γ_{min} 的最大值所对应的尺度综合，最小传动角 γ_{min} 越大，机构的传力性能越好，在最小传动角最大时，需要确定曲柄长度 R、连杆长度 P、机架长度 K 及摇杆长度 C，此时该尺度综合即为最优值。游梁上的悬点冲程为 S，前臂长为 A，水平极距为 I，竖直极距为 H，极位夹角为 θ，传动角为 γ 抽油机连杆机构尺度综合已知数据见表7-1。

表7-1 抽油机连杆机构尺度综合已知数据

参数	S/m	A/m	I/m	H/m	$\theta/(°)$
数据	2.70	3.65	3.48	3.43	11

求出的曲柄长度 R、连杆长度 P、机架长度 K 和摇杆长度 C 有很多组解，需要通过迭代的方法求出其中的最优解。异相型游梁抽油机运动简图如图7-1所示。

根据图7-1所示的抽油机运动简图可知：机架长度 K、水平极距 I、竖直极距 H 构成了一个直角三角形，其中 I、H 为已知值，由图7-1所示的几何关系求得相关角度尺寸参数如下：

$$K = \sqrt{I^2 + H^2} = \sqrt{3.48^2 + 3.43^2}\,\text{m} = 4.886\,\text{m}$$

$$\phi = \arctan \frac{I}{H} = 45.415°$$

$$\varphi = \frac{S}{A} \cdot \frac{180}{\pi} = 42.383°$$

$$\beta = 90° - \phi - \frac{\varphi}{2} = 23.394°$$

在 $\triangle O_1 O_2 D_2$ 中，

$$(P+R)^2 = C^2 + K^2 - 2CK\cos(\varphi + \beta)$$

在 $\triangle O_1 O_2 D_1$ 中

$$(P-R)^2 = C^2 + K^2 - 2CK\cos\beta$$

在 $\triangle O_1 D_1 D_2$ 中

$$D_1 D_2{}^2 = (P+R)^2 + (P-R)^2 - 2(P^2 - R^2)\cos\theta$$

在 $\triangle D_1 O_2 D_2$ 中

$$D_1 D_2{}^2 = 2C^2 - 2C^2\cos\varphi$$

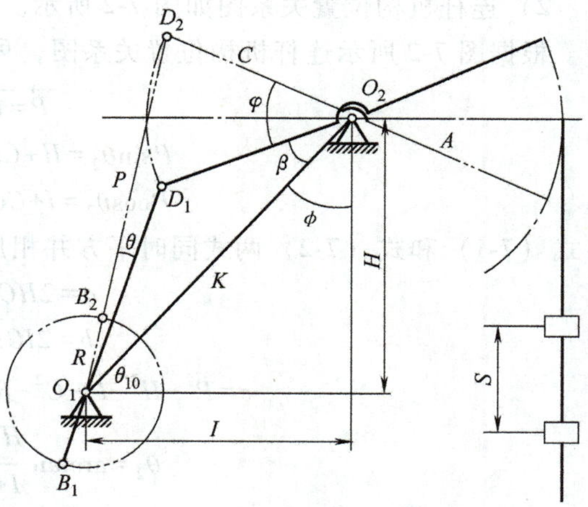

图 7-1　异相型游梁抽油机运动简图

由此可得

$$C = \sqrt{\frac{P^2(1-\cos\theta) + R^2(1+\cos\theta)}{2\sin^2\dfrac{\varphi}{2}}}$$

$$P = \sqrt{\frac{K^2 - \left(\dfrac{1+\cos\theta}{2\sin^2\dfrac{\varphi}{2}} - \dfrac{\sin\theta}{\tan\dfrac{\varphi}{2}} - \cos\theta\right)R^2}{\dfrac{1-\cos\theta}{2\sin^2\dfrac{\varphi}{2}} + \dfrac{\sin\theta}{\tan\dfrac{\varphi}{2}} + \cos\theta}}$$

$$\gamma_{\min}^1 = 180° - \arccos\frac{C^2 + P^2 - (K+R)^2}{2CP}$$

$$\gamma_{\min}^2 = \arccos\frac{C^2 + P^2 - (K-R)^2}{2CP}$$

上述最优解的评判标准是使两传动角中较小的一个值最大，要求曲柄半径 $R \leqslant 1$，通过计算机编程辅助求解，最优尺度综合结果为曲柄长 $R = 0.60\,\text{m}$，连杆长 $P = 4.081\,\text{m}$，摇杆长 $C = 1.975\,\text{m}$，最小传动角 $\gamma_{\min} = 53.729°$。

2. 异相型游梁抽油机连杆机构的运动分析

1）在图 7-1 所示异相型游梁抽油机运动简图中，当游梁运动到最低点时，在 $\triangle O_1 O_2 D_2$ 与由 K、I、H 所组成的直角三角形中，可算出曲柄相对于水平线的角度 θ_{10} 为

$$\theta_{10} = \arccos\frac{(P+R)^2 + K^2 - C^2}{2(P+R)K} + \arctan\frac{H}{I} = 68.29°$$

可得曲柄角位移 θ_1 和连杆角位移 θ_2 的初始角均为 $68.29°$。

2）连杆机构位置关系图如图 7-2 所示。

根据图 7-2 所示连杆机构位置关系图，可得相关角度尺寸参数关系为

$$\vec{P} = \vec{K} + \vec{C} - \vec{R}$$

$$P\sin\theta_2 = H + C\sin\theta_3 - R\sin\theta_1 = M \tag{7-1}$$

$$P\cos\theta_2 = I + C\cos\theta_3 - R\cos\theta_1 = N \tag{7-2}$$

将式（7-1）和式（7-2）两式同时平方并相加，然后整理 $a\sin\theta_3 + b\cos\theta_3 = c$ 形式，则有

$$a = 2HC - 2CR\sin\theta_1$$

$$b = 2IC - 2CR\cos\theta_1$$

$$c = P^2 - H^2 - I^2 - C^2 - R^2 + 2HR\sin\theta_1 + 2IR\cos\theta_1$$

$$\theta_2 = \arctan\frac{H + C\sin\theta_3 - R\sin\theta_1}{I + C\cos\theta_3 - R\cos\theta_1}$$

$$\theta_3 = 2\arctan\frac{a + \sqrt{a^2 + b^2 - c^2}}{b + c}$$

3）抽油杆位移极限图如图 7-3 所示。

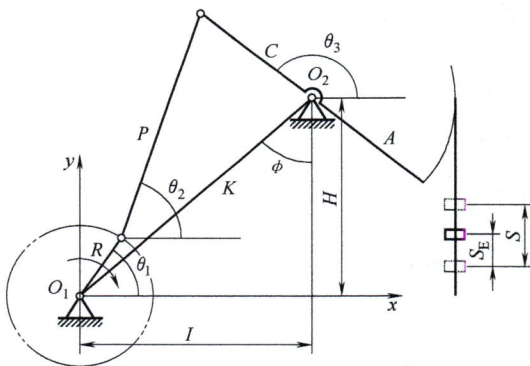

图 7-2 连杆机构位置关系图

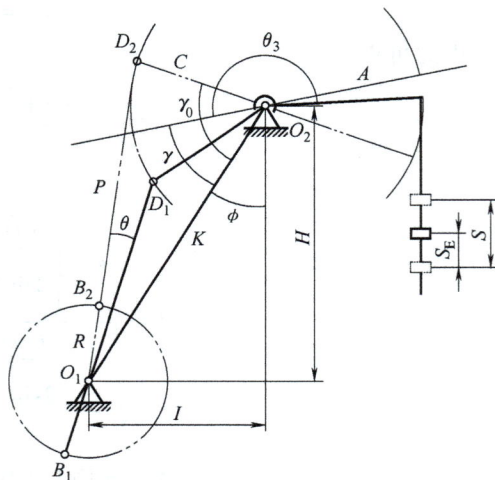

图 7-3 抽油杆位移极限图

根据图 7-3 所示抽油杆位移极限图可以推导抽油杆的悬点位移表达式为

$$S_E = (\gamma_0 - \gamma)A$$

$$\gamma_0 = \arccos\frac{C^2 + K^2 - (P + R)^2}{2CK}$$

$$\gamma = \frac{3}{2}\pi - \phi - \theta_3$$

分别用式（7-1）和式（7-2）对时间求导，整理得

$$\omega_2 = \frac{R\omega_1\sin(\theta_1 - \theta_3)}{P\sin(\theta_3 - \theta_2)}$$

$$\omega_3 = \frac{R\omega_1 \sin(\theta_1 - \theta_2)}{C\sin(\theta_3 - \theta_2)}$$

$$v_E = \frac{dS_E}{dt} = A\omega_3$$

再对上面三式求导得

$$\varepsilon_2 = \frac{R\omega_1(\omega_1 - \omega_3)\cos(\theta_1 - \theta_3)\sin(\theta_3 - \theta_1) - (\omega_3 - \omega_2)\sin(\theta_1 - \theta_3)\cos(\theta_2 - \theta_3)}{P\sin^2(\theta_3 - \theta_2)}$$

$$\varepsilon_3 = \frac{R\omega_1(\omega_2 - \omega_1)\cos(\theta_1 - \theta_2)\sin(\theta_2 - \theta_3) - (\omega_2 - \omega_3)\sin(\theta_2 - \theta_1)\cos(\theta_2 - \theta_3)}{C\sin^2(\theta_3 - \theta_2)}$$

$$a_E = A\varepsilon_3$$

对上面数学模型采用软件编程，可绘制抽油杆悬点在一个周期内的位移曲线、速度曲线及加速度曲线如图 7-4 所示。

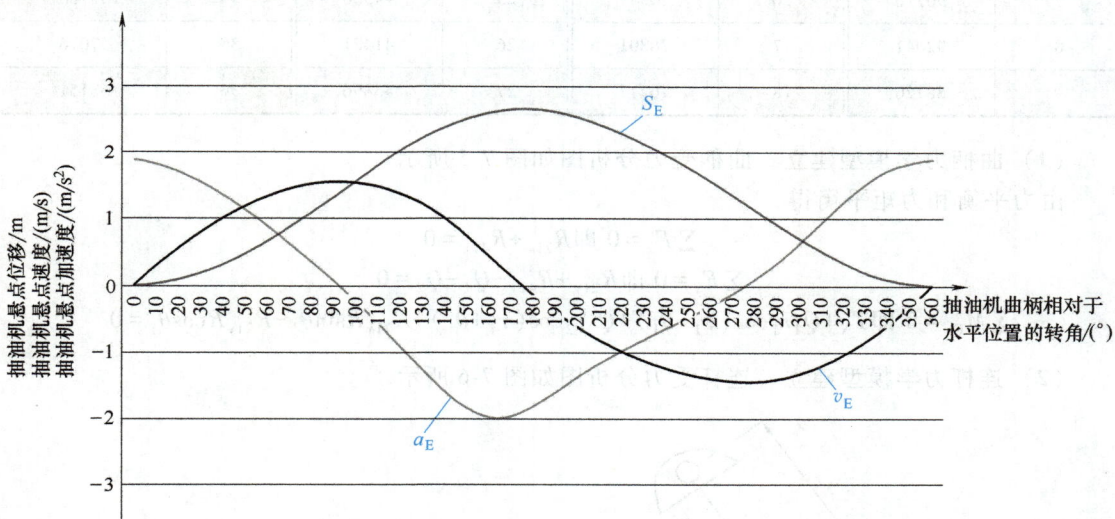

图 7-4　抽油杆悬点在一个周期内的位移、速度、加速度曲线

3. 异相型游梁抽油机连杆机构动态静力分析

动态静力分析变量说明：

W——悬点负载，单位为 N；

Q_1——曲柄重量，单位为 N；

Q_2——曲柄平衡块重量，单位为 N；

r_1——曲柄重心旋转半径，单位为 m；

r_2——曲柄平衡块重心旋转半径，单位为 m；

τ_1——曲柄平衡块重心偏角，单位为（°）。

抽油机连杆机构受力分析已知数据见表 7-2。

表 7-2　抽油机连杆机构受力分析已知数据

参数	r_1/m	Q_1/N	r_2/m	Q_2/N	$\tau_1/(°)$
数据	0.61	35000	1.30	61300	7

　　悬点负载为 36 组变化值，曲柄转角的第一点对应于抽油机的下死点，之后沿顺时针方向每隔 10° 取一个点，得到悬点负载 W 的取值表见表 7-3。

表 7-3　悬点负载 W 的取值表

序号	W 值	序号	W 值	序号	W 值	序号	W 值
1	58736	10	86353	19	72700	28	45992
2	60789	11	84779	20	68580	29	47817
3	66140	12	83764	21	64255	30	49482
4	74049	13	83064	22	59912	31	51073
5	83539	14	82443	23	56190	32	52642
6	93734	15	81679	24	51728	33	54199
7	96316	16	80545	25	44526	34	55708
8	92041	17	78801	26	41421	35	57076
9	88720	18	76217	27	43896	36	58151

（1）曲柄力学模型建立　曲柄受力分析图如图 7-5 所示。

由力平衡和力矩平衡得

$$\sum F_x = 0 \text{ 即 } R_{21x} + R_{41x} = 0$$
$$\sum F_y = 0 \text{ 即 } R_{21y} + R_{41y} - Q_1 - Q_2 = 0$$
$$\sum M_{O_1} = 0 \text{ 即 } T_N + Q_1 r_1 \cos(\tau_1 + \theta_1) + Q_2 r_2 \cos(\tau_1 + \theta_1) + R_{21x} R \sin\theta_1 - R_{21y} R \cos\theta_1 = 0$$

（2）连杆力学模型建立　连杆受力分析图如图 7-6 所示。

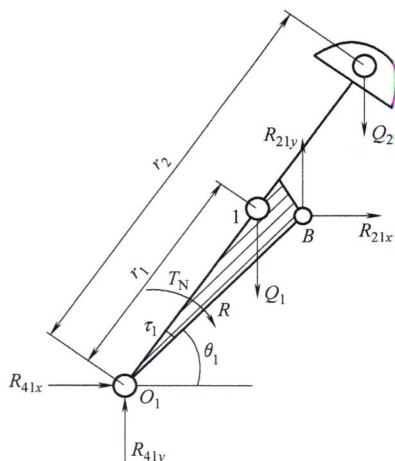

图 7-5　曲柄受力分析图　　　　图 7-6　连杆受力分析图

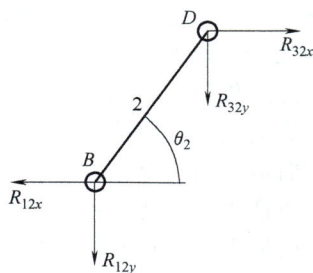

由力平衡和力矩平衡得

$$\sum F_x = 0 \text{ 即 } R_{32x} - R_{12x} = 0$$
$$\sum F_y = 0 \text{ 即 } R_{12y} + R_{32y} = 0$$

$$\sum M_D = 0 \ \text{即} \ R_{12y}P\cos\theta_2 - R_{12x}P\sin\theta_2 = 0$$

（3）游梁力学模型建立　游梁受力分析图如图7-7所示。

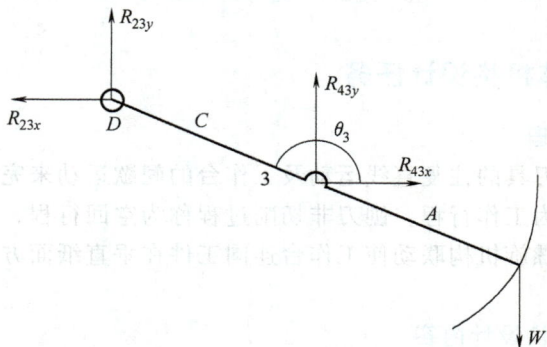

图 7-7　游梁受力分析图

由力平衡和力矩平衡得

$$\sum x = 0 \ \text{即} \ R_{43x} - R_{23x} = 0$$

$$\sum y = 0 \ \text{即} \ R_{43y} + R_{23y} - W = 0$$

$$\sum M_D = 0 \ \text{即} \ W(A+C)\sin\left(\theta_3 - \frac{\pi}{2}\right) - R_{43y}C\sin\left(\theta_3 - \frac{\pi}{2}\right) + R_{43x}C\cos\left(\theta_3 - \frac{\pi}{2}\right) = 0$$

由上述力学模型求解得

$$T_N = R_{21y}R\cos\theta_1 - R_{21x}R\sin\theta_1 - Q_1 r_1 \cos(\tau_1 + \theta_1) - Q_2 r_2 \cos(\tau_1 + \theta_1)$$

对上面数学模型采用软件编程，可绘制加在曲柄上的转矩 T_N 在一个周期内的变化曲线，如图7-8所示。

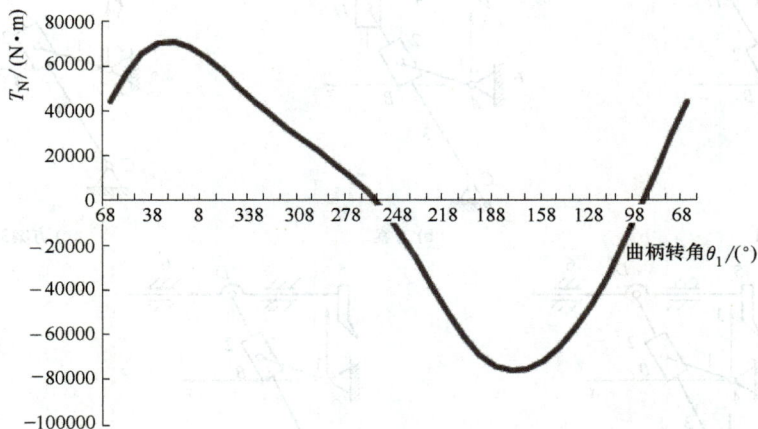

图 7-8　曲柄上的转矩 T_N 在一个周期内的变化曲线

图7-8所示曲线是从抽油杆在下死点开始绘制，曲柄上的转矩 T_N 在一个周期内值的正负转折处对应抽油杆位于上死点处，此时，抽油机在回程段，曲柄处的转矩 T_N 急剧减小，且回程时间明显短于工作行程时间，从图7-8中亦可看出。

7.2 牛头刨床主体机构计算机辅助设计与分析

7.2.1 牛头刨床主体机构设计任务

1. 牛头刨床工作原理

牛头刨床是一种靠刀具的往复直线运动及工作台的间歇运动来完成工作平面切削加工的机床。刨刀切削过程称为工作行程，刨刀非切削过程称为空回行程，空回行程过程中，由凸轮-四杆机构-棘轮机构-螺旋机构联动使工作台连同工件在垂直纸面方面做一次进给运动，以便刨刀继续切削。

2. 牛头刨床主体机构设计内容

1）根据牛头刨床的工作原理，拟定 2~4 个执行机构（主体机构）。

2）根据已知数据，采用 Visual Basic 软件自动生成执行机构简图，用解析法对主体机构进行运动分析，建立参数化数学模型，并能在一个坐标系内，绘制出主体机构中的执行构件——刨刀在一个周期内的位移曲线、速度曲线及加速度曲线。

3）对主体机构进行动态静力分析，用解析法建立参数化数学模型，求出机构处于不同位置时应加在曲柄上的驱动力矩 T_N，并用计算机绘出 T_N 的变化曲线。

4）采用 SOLIDWORKS 软件自动生成多种主体机构的三维立体模型，可以实现模型参数化，同时直观判定机构中各构件之间的连接运动关系。

7.2.2 牛头刨床主体机构分析与设计

根据牛头刨床的工作原理，可得到常用的 5 种牛头刨床主体机构的示意图，如图 7-9 所

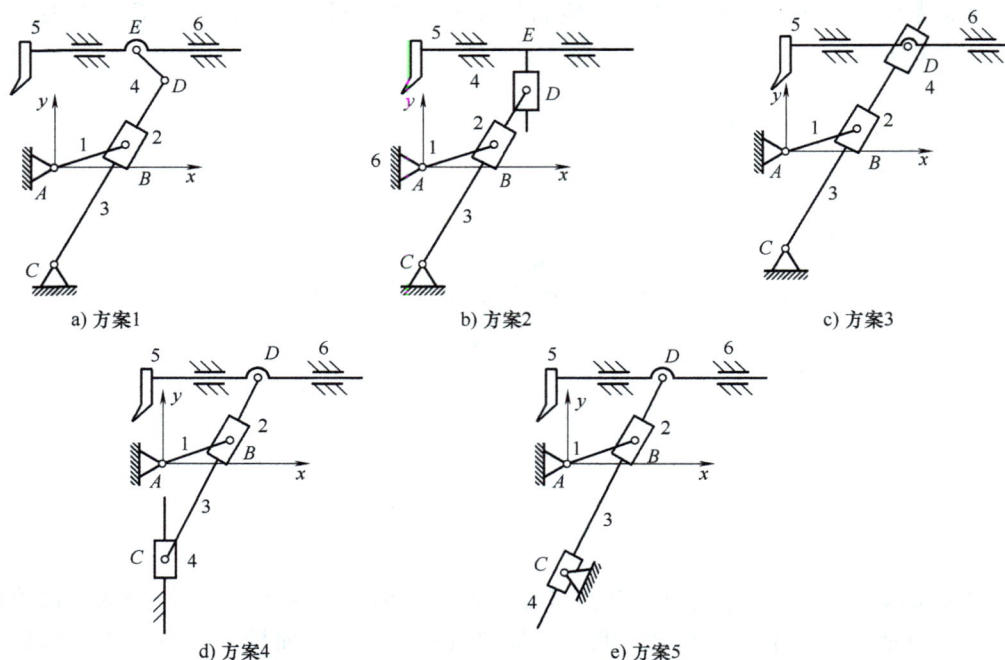

a) 方案1   b) 方案2   c) 方案3

d) 方案4   e) 方案5

图 7-9 牛头刨床主体机构示意图

示。这5种机构均能满足刨刀正常工作。以方案3为例来讨论牛头刨床主体机构分析与设计的相关内容。

1. 主体机构的尺度综合

主体机构极限位置图如图7-10所示。已知：刨刀的最大行程$H=500\text{mm}$，行程速度变化系数$k=2$，曲柄1转速$n=60\text{r/min}$，曲柄1长度$L_{AB}=130\text{mm}$，滑块2长度$L=100\text{mm}$。

当导杆3到达极限位置（图7-10所示）时，曲柄1和导杆3垂直，即$\angle ABC=90°$。

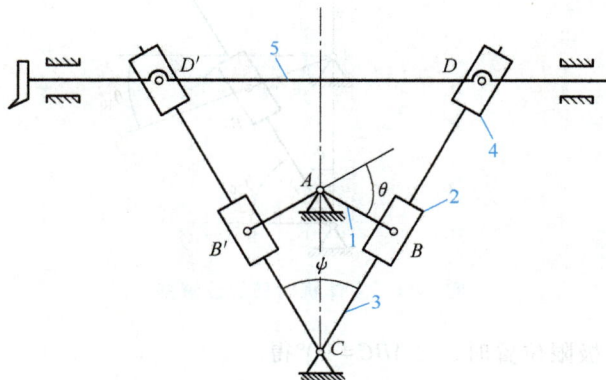

图7-10　主体机构极限位置图
1—曲柄　2、4—滑块　3—导杆　5—滑枕

根据行程速度变化系数$k=2$，可求出极位夹角θ，有

$$\theta=180°\times\frac{k-1}{k+1}=180°\times\frac{2-1}{2+1}=60°$$

同时角行程

$$\psi=\theta=60°$$

在$\text{Rt}\triangle ABC$中

$$\angle ACB=\frac{\psi}{2}=30°$$

又因为$L_{AB}=130\text{mm}$，则$L_{AC}=260\text{mm}$。

在$\triangle D'CD$中

$$D'D=H=500\text{mm},D'C=DC,\angle D'CD=60°$$

则

$$DC=D'C=D'D=500\text{mm}$$

所以导杆3的长度为

$$L_{3\text{min}}=DC+\frac{L}{2}=\left(500+\frac{100}{2}\right)\text{mm}=550\text{mm}$$

2. 主体机构的运动分析

由图7-10可知当曲柄每转过一个角度θ_1时，导杆3都有一组角度参数θ_3、ω_3、ε_3与之对应，然后导杆3带动滑枕5运动，滑枕5带动刨刀产生对应的位移s、速度v及加速度a。若想绘制刨刀的s、v、a变化曲线，则需要分别建立s、v、a与θ_1的函数关系式，由于曲柄连杆机构从右极限位置开始运动，所以可以先求出曲柄 1 和导杆 3 初始角位置 θ_{10} 和 θ_{30}，然后再分析一般位置，找到函数关系即可，最后用计算机进行绘图。主体机构初始位置图如图 7-11 所示。

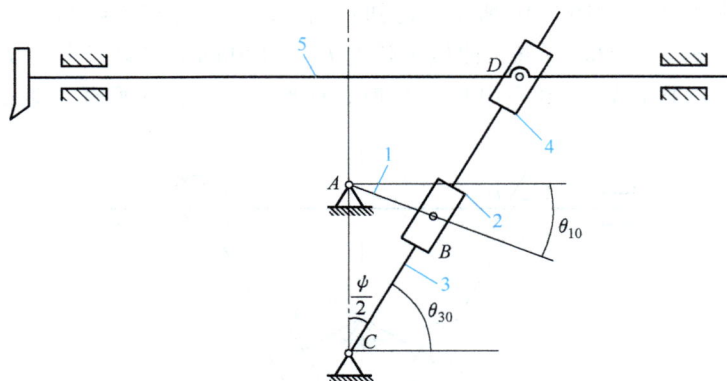

图 7-11　主体机构初始位置图

1）当导杆 3 在右极限位置时，$\angle ABC = 90°$ 得

$$\begin{cases} \theta_{10} + \angle CAB = 90° \\ \dfrac{\psi}{2} + \angle CAB = 90° \end{cases}$$

则

$$\theta_{10} = \frac{\psi}{2} = 30°, \theta_{30} = \angle CAB = 90° - \frac{\psi}{2} = 60°$$

2）当导杆 3 在一般位置时，主体机构一般位置图如图 7-12 所示，按图 7-12 所示建立坐标系。

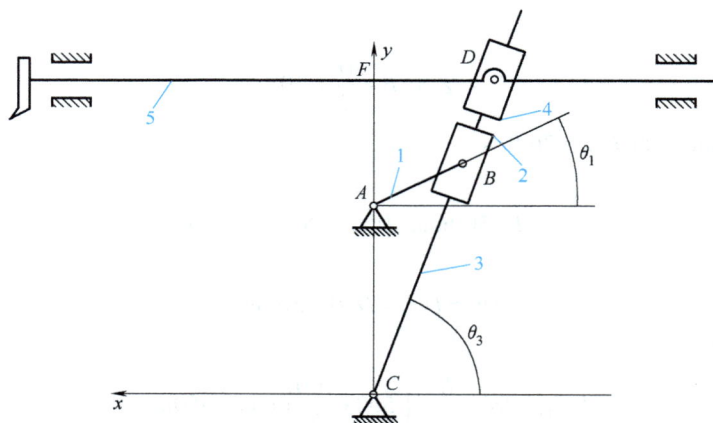

图 7-12　主体机构一般位置图

由于 θ_{10} 在第四象限，所以 $\theta_{10} = -30°$，$\theta_{30} = 60°$。

$$x_B = -L_{AB}\cos\theta_1$$
$$y_B = L_{AC} + L_{AB}\sin\theta_1$$

由尺度综合得

$$L_{AB} = 130\text{mm}, L_{AC} = 260\text{mm}$$

$$\tan\theta_3 = \frac{y_B}{-x_B} = \frac{L_{AC}+L_{AB}\times\sin\theta_1}{L_{AB}\times\cos\theta_1} = \frac{260+130\times\sin\theta_1}{130\times\cos\theta_1} = \frac{2+\sin\theta_1}{\cos\theta_1}$$

则

$$\theta_3 = \arctan\frac{2+\sin\theta_1}{\cos\theta_1}$$

曲柄角速度为

$$\omega_1 = 2\pi n = \frac{2\pi 60}{60}\text{rad/s} = 2\pi\text{rad/s}$$

曲柄角加速度为

$$\varepsilon_1 = 0$$

则

$$\frac{\omega_3}{\omega_1} = \frac{d\theta_3}{d\theta_1} = \frac{d\left(\arctan\frac{2+\sin\theta_1}{\cos\theta_1}\right)}{d\theta_1} = \frac{1+2\sin\theta_1}{5+4\sin\theta_1}$$

$$\omega_3 = \frac{(1+2\sin\theta_1)\omega_1}{5+4\sin\theta_1}$$

变形得

$$\omega_3(5+4\sin\theta_1) = \omega_1(1+2\sin\theta_1)$$

两边同时对时间 t 求导得

$$5\varepsilon_3 + \omega_1\omega_3 4\cos\theta_1 + 4\varepsilon_3\sin\theta_1 = \varepsilon_1 + 2\omega_1^2\cos\theta_1 + 2\varepsilon_1\sin\theta_1$$

$$\varepsilon_3 = \frac{6\omega_1^2\cos\theta_1}{(5+4\sin\theta_1)^2}$$

根据主体机构极限位置 $\angle ACB = \dfrac{\psi}{2} = 30°$，可求出

$$L_{CF} = \sqrt{3}DF = 250\sqrt{3}\text{ mm} \approx 433\text{mm}$$

在 $\text{Rt}\triangle CFD$ 中

$$\angle FDC = \theta_3, \frac{L_{CF}}{-x_D} = \tan\theta_3 = \frac{2+\sin\theta_1}{\cos\theta_1}$$

则

$$x_D = \frac{-433\cos\theta_1}{2+\sin\theta_1}$$

因为导杆 3 在右极限位置时刨刀位移 $s=0$，所以当曲柄开始运动时

$$s = \frac{H}{2}+x_D = \frac{H}{2}-\frac{433\cos\theta_1}{2+\sin\theta_1}$$

根据速度与加速度定义可知

$$v = \frac{866\omega_1\sin\theta_1 + 433\omega_1}{(2+\sin\theta_1)^2}$$

$$a = \frac{1732\omega_1^2\cos\theta_1 - 866\omega_1^2(\sin\theta_1)^2\cos\theta_1 - 866\omega_1^2\sin\theta_1\cos\theta_1}{(2+\sin\theta_1)^4}$$

综上所述，当 θ_1 在 $[-30°，330°]$ 转动时，

$$\begin{cases} s = \dfrac{H}{2} - \dfrac{433\cos\theta_1}{2+\sin\theta_1} \\[2mm] v = \dfrac{866\omega_1\sin\theta_1 + 433\omega_1}{(2+\sin\theta_1)^2} \\[2mm] a = \dfrac{1732\omega_1^2\cos\theta_1 - 866\omega_1^2(\sin\theta_1)^2\cos\theta_1 - 866\omega_1^2\sin\theta_1\cos\theta_1}{(2+\sin\theta_1)^4} \end{cases}$$

根据上述关系即可用计算机绘制出刨刀的 s、v、a 的变化曲线。

3. 主体机构的动态静力分析

已知：滑枕 5 的质量 $m_5 = 50\text{kg}$，导杆 3 的质量 $m_3 = 40\text{kg}$，导杆 3 转动惯量 $J_3 = 3\text{kg/m}^2$，其他构件不计重力，曲柄 1 匀速转动且忽略转动惯量。刨刀的有效阻力线图如图 7-13 所示。

要想绘制出曲柄上的驱动力矩 T_N 的变化曲线，必须对各构件进行受力分析，列出平衡方程，最后根据力矩平衡建立 T_N 与 θ_1 的函数关系。而由刨刀的有效阻力线图（图 7-13）可知，刨刀位移为 $0 \sim 0.05H$ 和 $0.95H \sim H$ 时回程无阻力，而在位移为 $0.05H \sim 0.95H$ 时存在 $F_S = 10\text{kN}$ 的阻力。需要注意的是：滑块在导杆上运动时受力始终垂直于导杆，且滑枕 5 和导杆 3 存在惯性力。

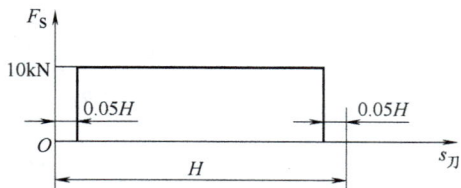

图 7-13 刨刀的有效阻力线图

（1）滑枕 5 力学模型建立 滑枕 5 受力分析图如图 7-14 所示，其中 F_5 为滑枕的惯性力。

由图 7-14 所示滑枕 5 受力分析图建立力平衡和力矩平衡方程，有

$$\begin{cases} F_S = 10\text{kN} \\ F_5 = m_5 a_5 \\ F\sin\theta_3 = F_S + F_5 \end{cases}$$

整理得

$$F = \frac{F_S + m_5 a_5}{\sin\theta_3} \tag{7-3}$$

式中，a_5 为刨刀加速度。

（2）导杆 3 力学模型建立 导杆 3 受力分析图如图 7-15 所示，其中 F_3 为导杆 3 的惯性力。

由图 7-15 所示导杆 3 受力分析图建立力平衡和力矩平衡方程。对点 C 取矩，有

$$\begin{cases} \sum M_C = F_{23}L_{CB} - FL_{CD} - F_3 L_{CG} - G_3 L_{CG}\cos\theta_3 + M_3 = 0 \\ M_3 = -J_3 \varepsilon_3 \\ F_3 = m_3 a_3 \end{cases}$$

98

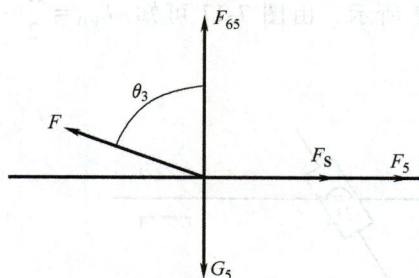

图 7-14　滑枕 5 受力分析图

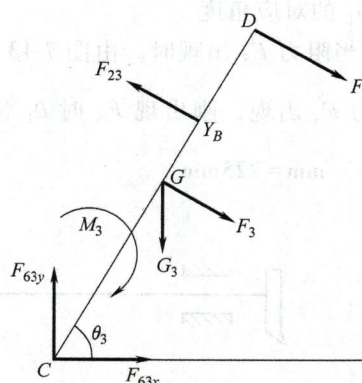

图 7-15　导杆 3 受力分析图

式中，

$$L_{CG} = \frac{1}{2}L_{CD}, a_3 = L_{CG}\varepsilon_3$$

则有

$$F_{23} = \frac{J_3\varepsilon_3 + m_3\varepsilon_3\left(\dfrac{L_{CD}}{2}\right)^2 + m_3g\cos\theta_3 \cdot \dfrac{L_{CD}}{2} + FL_{CD}}{L_{CB}}$$

$$(7\text{-}4)$$

（3）曲柄 1 力学模型建立　曲柄 1 受力分析图如图 7-16 所示，其中 T_N 为曲柄 1 上的转矩。

由图 7-16 所示曲柄 1 受力分析图建立力平衡和力矩平衡方程。对点 A 取矩，有

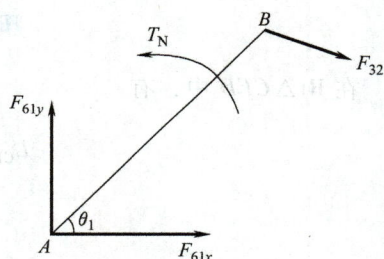

图 7-16　曲柄 1 受力分析图

$$\sum M_A = T_N - F_{32}\sin\theta_3 \cdot L_{AB}\sin\theta_1 - F_{32}\cos\theta_3 \cdot L_{AB}\cos\theta_1 = 0$$

则有

$$T_N = F_{32}L_{AB}(\sin\theta_3\sin\theta_1 + \cos\theta_3\cos\theta_1)$$

$$(7\text{-}5)$$

联立式（7-3）～式（7-5）得

$$T_N = \frac{\left[J_3\varepsilon_3 + m_3\varepsilon_3\left(\dfrac{L_{CD}}{2}\right)^2 + m_3g\cos\theta_3 \cdot \dfrac{L_{CD}}{2} + \dfrac{F_S + m_5a_5}{\sin\theta_3}L_{CD}\right]\left[L_{AB}(\sin\theta_3\sin\theta_1 + \cos\theta_3\cos\theta_1)\right]}{L_{CB}}$$

式中，

$$L_{CB} = \frac{L_{AB}\sin\theta_1 + L_{AC}}{\sin\theta_3}, L_{CD} = \frac{L_{CF}}{\sin\theta_3} = \frac{433}{\sin\theta_3}, L_{AB} = 130\text{mm}, L_{AC} = 260\text{mm}$$

$$F_S = 10\text{kN}, m_3 = 40\text{kg}, m_5 = 50\text{kg}$$

将已知量代入 T_N 中即可求出 T_N 与 θ_1 和 θ_3 的关系，但又因为 $\theta_3 = \arctan\dfrac{2 + \sin\theta_1}{\cos\theta_1}$，所以可以把所得方程看成与 θ_1 的关系，而这只是存在阻力 F_S 的情况，若 $F_S = 0$，则只需要令 T_N 的表达式中 $F_S = 0$ 即可，但由于要绘制 T_N 与 θ_1 变化图像，所以还得求出当阻力 F_S 出现和

99

消失时 θ_1 的对应角度。

1）当阻力 F_S 出现时。由图 7-13 所示刨刀的有效阻力线图可知，当 $s_{刀}=0.05H=25\text{mm}$ 时，阻力 F_S 出现，刚出现 F_S 时 θ_1 位置图如图 7-17 所示，由图 7-17 可知 $L_{FD}=\dfrac{H}{2}-s_{刀}=$（$250-25$）$\text{mm}=225\text{mm}$。

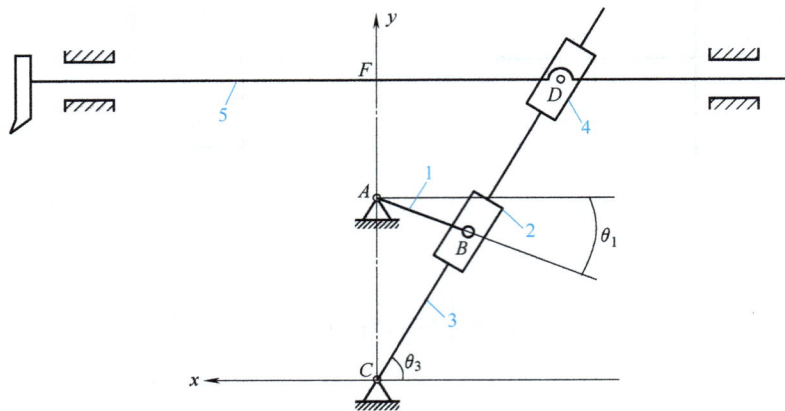

图 7-17 刚出现 F_S 时 θ_1 位置图

在 $\text{Rt}\triangle CFD$ 中，有

$$L_{CF}=433\text{mm}, \tan\theta_3=\frac{L_{CF}}{L_{FD}}=\frac{433}{225}$$

故

$$\theta_3=\arctan\frac{433}{225}=62.542236°$$

则有

$$\angle ACB=90°-\theta_3=90°-62.542236°=27.457764°$$

在 $\triangle ABC$ 中，由正弦定理得

$$\frac{L_{AC}}{\sin\angle ABC}=\frac{L_{AB}}{\sin\angle ACB}$$

故

$$\frac{260}{\sin\angle ABC}=\frac{130}{\sin 27.457764°}$$

则有

$$\angle ABC=\arcsin(2\times\sin 27.457764°)=67.248262°$$

在 $\triangle ABC$ 中，有

$$\angle CAB=180°-\angle ACB-\angle ABC=180°-27.457764°-67.248262°=85.293974°$$

所以

$$\theta_1=90°-\angle CAB=90°-85.293974°=4.706026°$$

由于 θ_1 在第四象限，所以 $\theta_1=-4.706026°$。

2）当阻力 F_S 消失时。由于阻力 F_S 开始和消失时，刨刀位移 $s_{刀}$ 是对称的，所以当阻

力 F_S 消失时，此时的 $\theta_1' = 180° - \theta_1 = 180° - (-4.706026°) = 184.706026°$。

当求出 θ_1 和 θ_1' 时，就可以根据上述 T_N 的关系式和 F_S 的有无对 θ_1 分三段列关系式，分别是第一段：$[0°，\theta_1]$，$F_S = 0$，T_{N1}；第二段：$[\theta_1，\theta_1']$，$F_S = 10kN$，T_{N2}；第三段：$[\theta_1'，330°]$，$F_S = 0$，T_{N3}。当 θ_1 在 $[-30°，330°]$ 这个区间转动时，T_{N1}、T_{N2}、T_{N3} 的各个图像连接起来就得到曲柄上的驱动力矩 T_N 的变化曲线图，如图 7-18 所示。

图 7-18 曲柄上的驱动力矩 T_N 的变化曲线图

7.2.3 计算机辅助设计与分析

1. 软件功能分析

该软件分为尺度综合、运动简图参数化绘制、原理动画演示、刨刀运动特性曲线的绘制、三维实体建模与自动装配、数据库建立六大功能模块，软件功能结构图如图 7-19 所示。

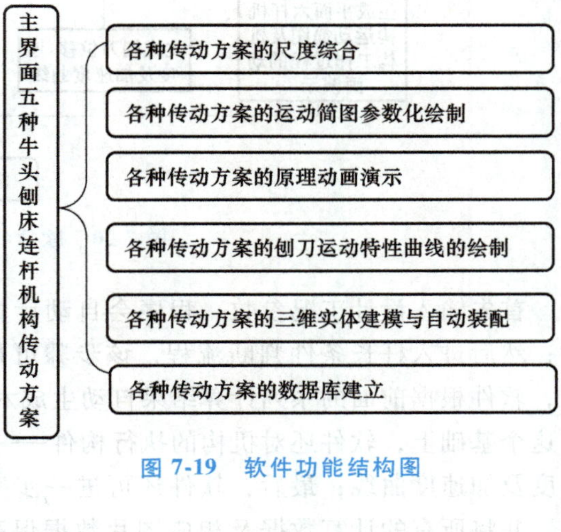

1）尺度综合模块：该模块为软件的计算模块，在已知条件下，根据各传动方案中各杆之间的几何尺寸位置关系，求出各杆的长度尺寸。

2）运动简图参数化绘制模块：该模块主要是在尺寸综合模块的基础上动态绘制出机构运动简图，一旦尺寸综合模块中的已知条件改变，机构运动简图的相关尺寸也会发生改变，根据机构运动简图可以直观判断出机构中各构件的尺寸是否合理。

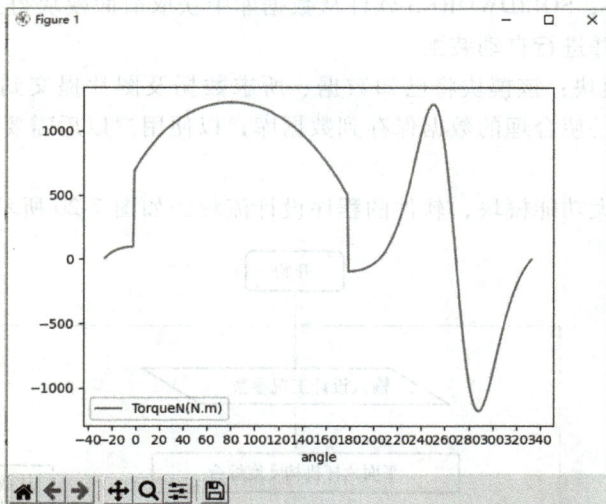

主界面五种牛头刨床连杆机构传动方案

- 各种传动方案的尺度综合
- 各种传动方案的运动简图参数化绘制
- 各种传动方案的原理动画演示
- 各种传动方案的刨刀运动特性曲线的绘制
- 各种传动方案的三维实体建模与自动装配
- 各种传动方案的数据库建立

图 7-19 软件功能结构图

3）原理动画演示模块：该模块主要是对运动简图参数化绘制模块中的机构运动简图进行工作原理动态演示，借助动画演示，设计者可方便地发现机构运动干涉或其他一些机构运动不合理现象，从而进一步判断设计参数是否合理。

4）刨刀运动特性曲线的绘制模块：该模块主要是在前三个模块设计参数合理的前提下，对机构中的执行构件——刨刀的运动特性进行分析，并进一步绘制出位移、速度和加速度运动特性曲线，根据运动特性曲线也可以进一步比较出各传动方案的优劣性。

5）三维实体建模与自动装配模块：在该模块中单击"开始建模"按钮后程序会自动进入 SOLIDWORKS 软件，SOLIDWORKS 软件从数据库中获取前面模块得到的相关尺寸数据进行各构件的三维建模并进行自动装配。

6）数据库建立模块：该模块将已知数据、所求数据及图片提交到 Access 数据库保存，提交到数据库的作用是使合理的数据保存到数据库，以便用户以后需要时可以直接调用。

2. 程序流程

针对该软件的六大功能模块，软件的程序设计流程图如图 7-20 所示。

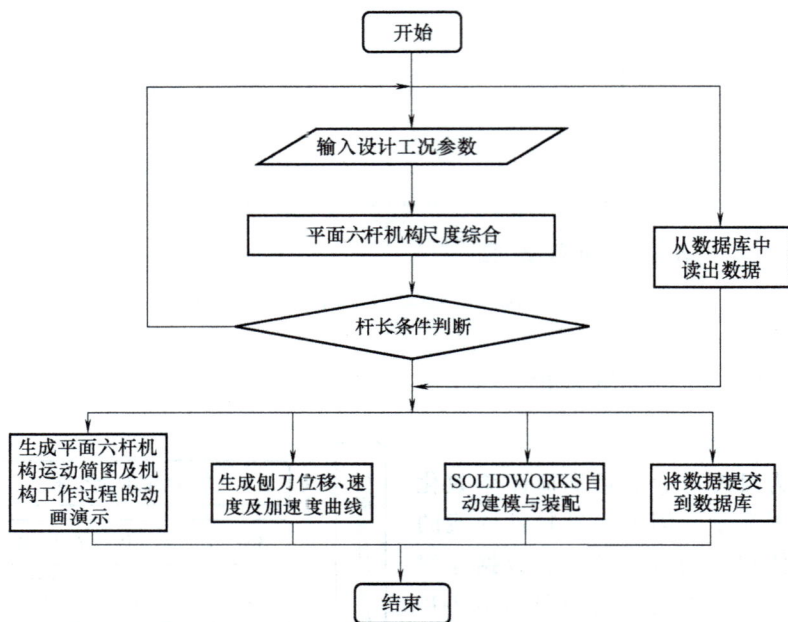

图 7-20　软件的程序设计流程图

首先输入设计工况参数，程序会自动计算出所选传动方案的六杆机构各构件的结构尺寸；然后进入杆长条件判断流程，该步骤可帮助设计者快速判断出尺度综合是否合理；接着，软件根据前面的系列计算结果自动生成六杆机构运动简图及机构工作过程的动画演示；在这个基础上，软件还对机构的执行构件——刨刀的运动特性进行分析，并绘制出其位移、速度及加速度曲线；最后，软件还可进一步完成各传动方案的机构三维建模与动态装配工作，并将所有的计算数据及相应图片数据保存到数据库中，以便用户以后需要时可以直接调用。

软件登录界面如图 7-21 所示，单击其中一种方案即可进入程序。

选定方案后进入图 7-22 所示机构运动简图及动画演示界面，该界面能完成前面六个模块的功能。

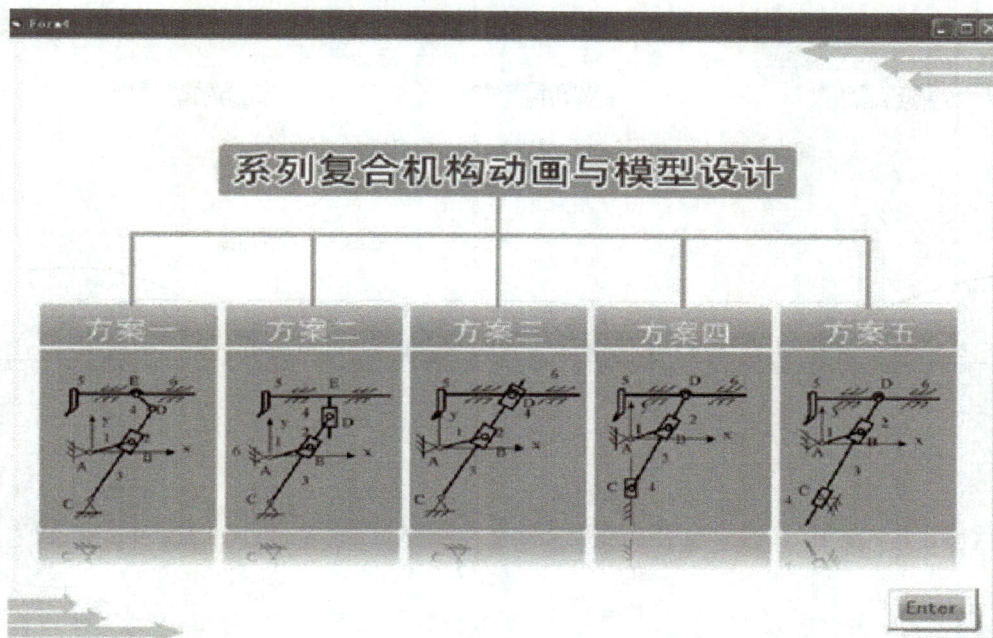

图 7-21 软件登录界面

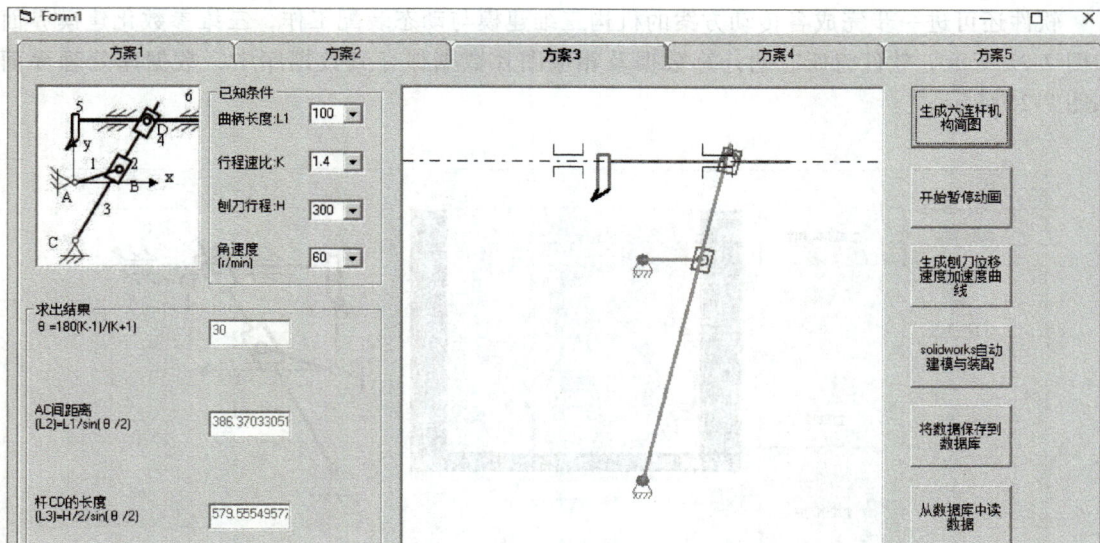

图 7-22 机构运动简图及动画演示界面

　　由图 7-22 所示计算结果可以判断传动方案是否合理、运动过程是否存在干涉。刨刀的运动特性曲线界面如图 7-23 所示，由图 7-23 可知在已知参数条件下牛头刨床刨刀的最大位移值、最大速度值及最大加速度值，显然位移值与已知条件刨刀行程相吻合，可由最大速度和最大加速度值进一步对刨刀的动力性能进行分析，从而可便于进一步分析该牛头刨床的工作精度等系列性能。

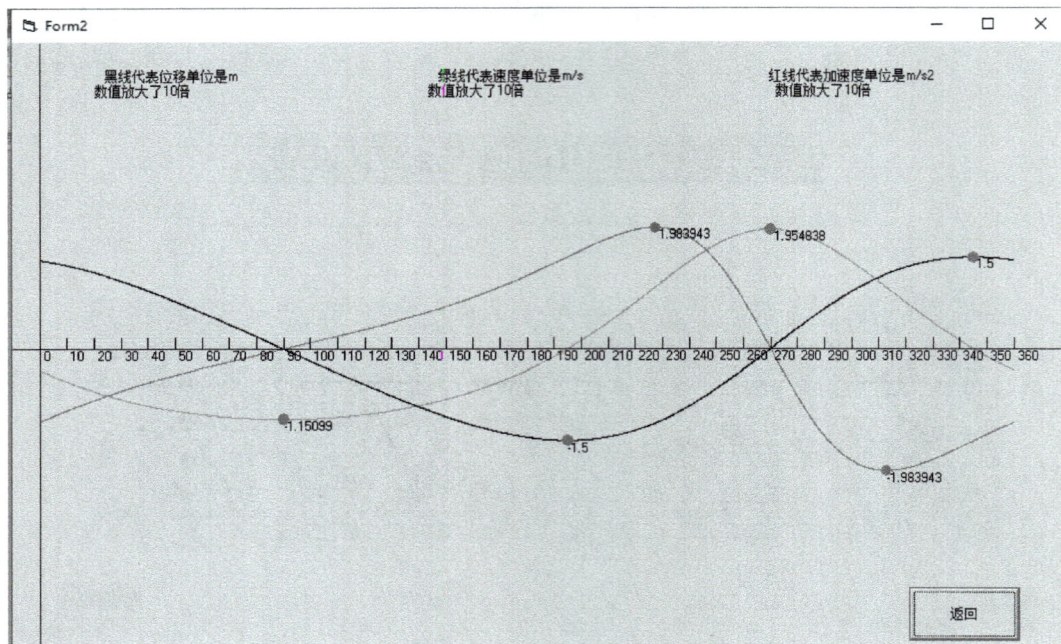

图 7-23　刨刀的运动特性曲线界面

软件还可进一步完成各传动方案的机构三维建模与动态装配工作，三维参数化建模界面如图 7-24 所示。软件将所有的计算数据及相应图片数据保存到数据库中，数据库处理界面如图 7-25 所示。

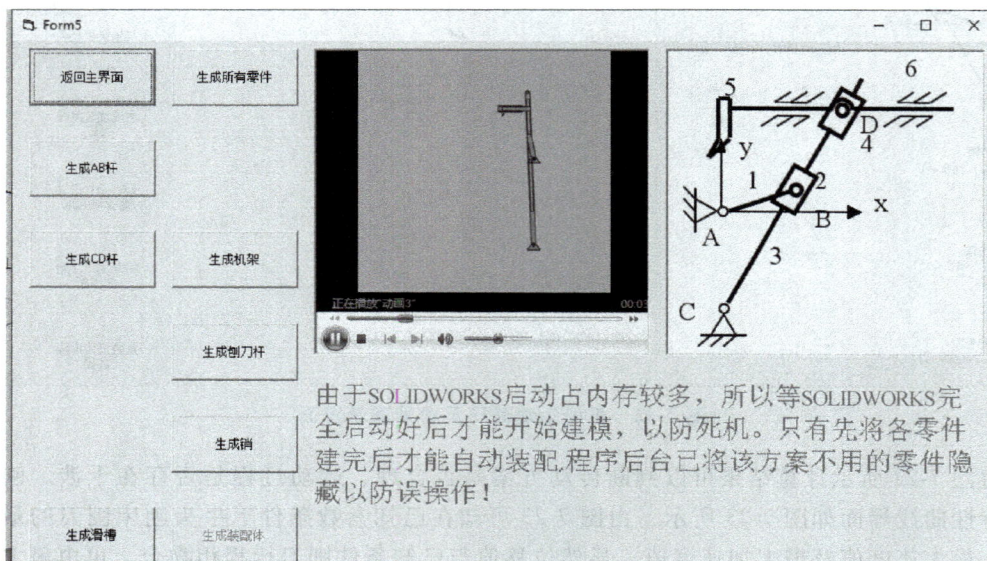

图 7-24　三维参数化建模界面

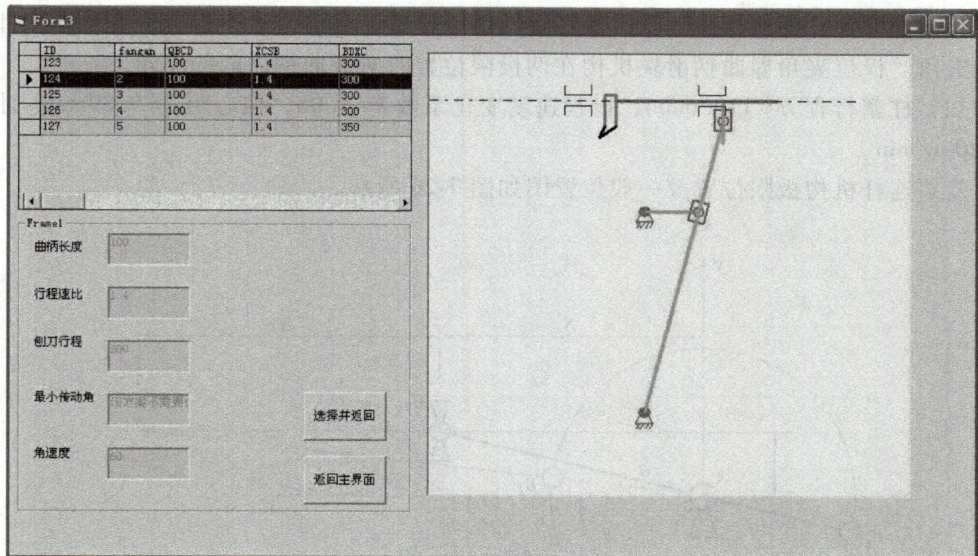

图 7-25　数据库处理界面

7.3　往复泵连杆机构计算机辅助设计与分析

7.3.1　往复泵连杆机构设计任务

1. 往复泵工作原理

往复泵属于容积泵，它依靠活塞或柱塞在泵缸内的往复运动，使泵缸工作容积周期性扩大与缩小来吸排液体。往复泵通常由两个部分组成，一部分是实现机械能转换成压力能并直接输送液体的部分，称为液力端；另一部分为动力与传动部分，称为动力端。

2. 往复泵连杆机构设计内容

1）按给定条件，求曲柄长度 R、连杆长度 L。

2）根据所求的连杆机构的尺寸参数，按柱塞冲次的工况对机构进行运动分析。设各旋转运动的构件对 x 轴的转角分别为 θ_i（i 为旋转构件的标号），相应的角速度和角加速度分别为 ω_i、ε_i。用解析法求出当曲柄从柱塞处于最右侧时起沿顺时针方向转动，转角 θ_1 每隔 $15°$ 计算一组运动参数，其中包括十字头的位移、速度和加速度，并绘制位移曲线、速度曲线和加速度曲线，最后分析计算结果的合理性。

3）设柱塞、拉杆、十字头综合质量为 m_3，连杆质量为 m_2，对往复泵连杆机构进行动力分析，用解析法建立参数化数学模型，求出当曲柄转角 θ_1 从柱塞处于最右侧时起沿顺时针方向转动，每转动 $15°$ 应加在曲柄上的驱动力矩 T_N，并用计算机绘制出 T_N 的变化曲线。

4）编制交互式软件实现在多组参数工况条件下的分析。

7.3.2　往复泵连杆机构分析与设计

1. 往复泵连杆机构的尺度综合

在往复泵运行过程中，其工作部分可认为是一个曲柄滑块机构，因此往复泵的工作部分同样存在曲柄滑块机构的相关性质，如存在两极限位置，且可通过行程速度变化系数计算得到极位夹角。极位夹角即曲柄滑块机构在两极限位置时对应曲柄之间的夹角。

已知：柱塞行程 $H=110.6\text{mm}$，行程速度变化系数 $k=1.08$，偏心距 $e=9.89\text{mm}$，曲柄转速 $n=200\text{r/min}$。

往复泵连杆机构极限位置及一般位置图如图 7-26 所示。

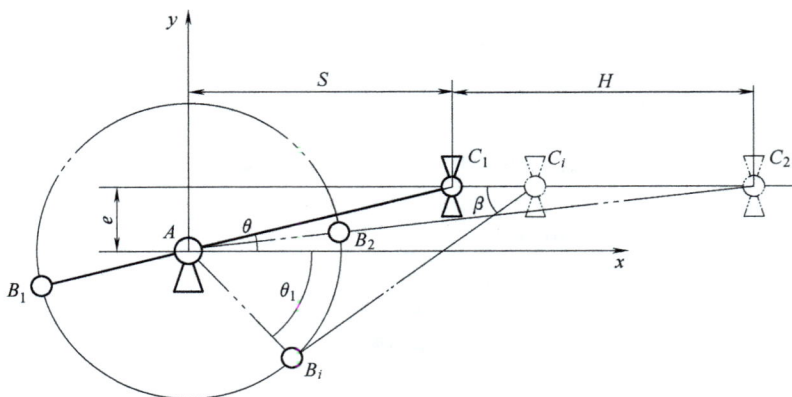

图 7-26 往复泵连杆机构极限位置及一般位置图

根据图 7-26 所示几何关系可知

$$AC_1=L-R,AC_2=L+R,C_1C_2=H=110.6\text{mm}$$

由行程速度变化系数 k 可得极位夹角

$$\theta=180°\frac{k-1}{k+1}=6.923°$$

由余弦定理和三角形面积公式可得

$$\cos\theta=\frac{AC_1^2+AC_2^2-C_1C_2^2}{2AC_1\cdot AC_2}=\frac{(L-R)^2+(L+R)^2-H^2}{2(L-R)(L+R)}$$

$$S_{\triangle AC_1C_2}=\frac{1}{2}He=\frac{1}{2}AC_1\cdot AC_2\sin\theta=\frac{1}{2}(L-R)(L+R)\sin\theta$$

联立方程求解得曲柄长度和连杆长度分别为

$$R=55.296\text{mm},L=110.147\text{mm}$$

2. 往复泵连杆机构的运动分析

（1）运动分析数学模型建立 由于往复泵曲柄恒速运动，且其运动速度与十字头冲次相等，设曲柄角速度为 ω_1，则有

$$\omega_1=\frac{2\pi n}{60}=\frac{400\pi}{60}\text{rad/s}\approx20.944\text{rad/s}$$

1）连杆运动分析。由图 7-26 所示几何关系可知连杆与水平线夹角 β 与曲柄转角 θ_1 的关系式为

$$L\sin\beta=R\sin\theta_1+e$$

$$\beta = \arcsin \frac{R\sin\theta_1 + e}{L}$$

对上式两边求一阶导数、二阶导数得到连杆的角速度 ω_2 及角加速度 ε_2 分别为

$$\omega_2 = \frac{R\omega_1\cos\theta_1}{\sqrt{L^2 - (R\sin\theta_1 + e)^2}}$$

$$\varepsilon_2 = \frac{R\omega_2^2\sin\theta_1 + e\omega_2^2 - R\omega_1^2\sin\theta_1}{\sqrt{L^2 - (R\sin\theta_1 + e)^2}}$$

2）十字头运动分析。由于要求当曲柄转角 θ_1 从柱塞处于最右侧（即柱塞位于 C_2）时开始计算，因此根据图 7-26 所示几何关系，可得十字头的运动方程为

$$s = S + H - R\cos\theta_1 - \sqrt{L^2 - (R\sin\theta_1 + e)^2}$$

$$v = R\omega_1\sin\theta_1 + \frac{R^2\omega_1\sin\theta_1\cos\theta_1 + Re\omega_1\cos\theta_1}{\sqrt{L^2 - (R\sin\theta_1 + e)^2}}$$

$$a = R\omega_1^2\cos\theta_1 + \frac{\left[R^2\omega_1^2(\cos^2\theta_1 - \sin^2\theta_1)\right]}{\sqrt{L^2 - (R\sin\theta_1 + e)^2}} + \frac{(R^2\omega_1\sin\theta_1\cos\theta_1 + Re\omega_1\cos\theta_1)^2}{\sqrt{\left[L^2 - (R\sin\theta_1 + e)\right]^3}} - \frac{Re\omega_1^2\sin\theta_1}{\sqrt{L^2 - (R\sin\theta_1 + e)^2}}$$

式中，

$$S + H = \sqrt{(L+R)^2 - e^2} = \sqrt{(110.147 + 55.296)^2 - 9.89^2}\ \text{mm} \approx 165.147\text{mm}$$

设当十字头运动到最右边（即 C_2 处）时，曲柄与水平方向夹角为 θ_{10}，则可得到

$$\theta_{10} = \arcsin\frac{e}{L+R} = \arcsin\frac{9.89}{110.147 + 55.296} \approx 3.44°。$$

（2）运动分析图像绘制　Python 是一种跨平台的编程语言。目前，在众多领域中人们常常使用 Python 来完成数据密集型工作。数据科学家们也为 Python 编写了一系列优秀的可视化和分析工具。下面利用 Python 来绘制十字头运动分析的相关图像。

在绘制十字头运动分析图像时，将上述十字头的运动函数 $s(\theta_1)$、$v(\theta_1)$、$a(\theta_1)$ 中的自变量 θ_1 改为 $\theta_1 - \theta_{10}$，自变量 $\theta_1 - \theta_{10}$ 取值从 0° 到 360° 变化，且沿顺时针方向增加。

在求解运动函数的过程中，不难发现，对于 s 与 v 的求导，手工计算不仅麻烦而且极容易计算错误，因此，在作图过程中，为充分体现计算机计算的便利性，在此引用 Python 中 Sympy 库中 diff 函数对 s 的关系式直接求导并作图，得到图 7-27 所示十字头运动分析曲线图，大大提高了设计的准确性和设计效率。

（3）图像合理性分析　观察图 7-27，可看出在位移达到最大值时，速度为 0；在速度达到最大值时，加速度为 0，且可观察到位移最大值约为 110mm，与已知条件的柱塞行程基本一致，故可认为图像绘制基本合理。由图 7-27 可知：往复泵十字头从位移最大位置到位移最小位置（即从最右边到最左边——回程）所经历的时间比十字头从位移最小位置到位移最大位置（即从最左边到最右边——工作行程）所经历的时间短，表明该机构具有急回特性，其急回的程度可用上述两者所对应的曲柄转角的比值来衡量。

3. 往复泵连杆机构的动态静力分析

（1）数学模型建立　已知：柱塞、拉杆、十字头综合质量 $m_3 = 190\text{kg}$，连杆 2 的质量

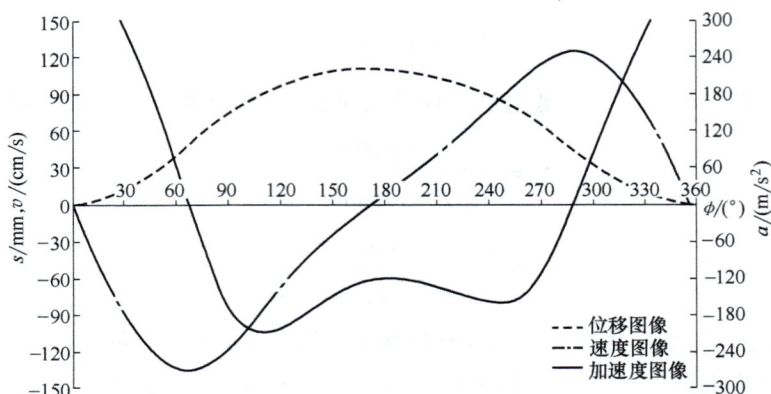

图 7-27　十字头运动分析曲线图

$m_2 = 160\text{kg}$，柱塞直径 $d_z = 57.15\text{mm}$，输出压力 $p = 35\text{MPa}$，曲柄 1、连杆 2 转动惯量不计，其他构件重力不计。

往复泵连杆机构的受力分析要分两个阶段来进行，即工作行程和回程。

设活塞所受气体压力为 $F_s = \dfrac{P\pi d_z^2}{4}$，摩擦系数 $f = 0.13$。

1）十字头工作行程受力分析。工作行程十字头受力如图 7-28 所示，摩擦系数 $f = 0.13$，则十字头所受摩擦力为 $F_f = fR_{43}$。R_{43} 为十字头受到的支持力，十字头受到连杆的作用力为 R_{23}，与水平方向夹角为 β。

由运动分析得十字头的加速度为 a，则十字头所受惯性力 $F_a = m_3 a$。

对十字头进行力平衡受力分析得

$$\begin{cases} \sum F_x = 0 \text{ 即 } F_f + F_s - R_{23}\cos\beta - F_a = 0 \\ \sum F_y = 0 \text{ 即 } R_{43} + R_{23}\sin\beta - m_3 g = 0 \end{cases}$$

解得

$$R_{23} = \frac{-m_3 a + fm_3 g + \dfrac{1}{4}p\pi d_z^2}{\cos\beta + f\sin\beta}$$

2）连杆工作行程受力分析。工作行程连杆受力如图 7-29 所示，连杆受到十字头的作用力为 R_{32}，连杆受到曲柄的作用力为 R_{12}，连杆的加速度为 ε_2，则受到的惯性力 $F_b = \dfrac{1}{2}Lm_2\varepsilon_2$。

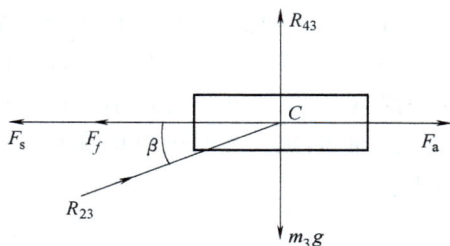

图 7-28　工作行程十字头受力

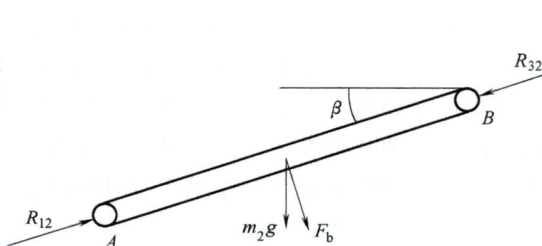

图 7-29　工作行程连杆受力

对连杆进行力平衡受力分析得

$$\begin{cases} \sum F_x = 0 \ \text{即} \ R_{12}\cos\beta + F_b\sin\beta - R_{32}\cos\beta = 0 \\ \sum F_y = 0 \ \text{即} \ R_{12}\sin\beta - F_b\cos\beta - R_{32}\sin\beta - m_2 g = 0 \end{cases}$$

同时对连杆的点 A 求合外力矩，其合力矩大小应该为 0，由此可以得到合外力矩平衡方程

$$\sum M_A = 0$$

即

$$m_2 g \cdot \frac{1}{2} L\cos\beta + R_{32}\sin\beta \cdot L\cos\beta + F_b\sin\beta \cdot \frac{L}{2}\sin\beta - R_{32}\cos\beta \cdot L\sin\beta + F_b\cos\beta \cdot \frac{L}{2}\cos\beta = 0$$

解得

$$R_{12} = \frac{R_{32}\cos\beta - \dfrac{1}{2}Lm_2\varepsilon_2\sin\beta}{\cos\beta}$$

将 $R_{32} = -R_{23}$ 代入 R_{12} 表达式有

$$R_{12} = -\frac{1}{2}Lm_2\varepsilon_2\tan\beta - \frac{-m_3 a + fm_3 g + \dfrac{1}{4}p\pi d_z^2}{\cos\beta + f\sin\beta}$$

3）曲柄工作行程受力分析。工作行程曲柄受力如图 7-30 所示，R_{41x} 与 R_{41y} 是曲柄所受支持力 R_{41} 分别在水平方向与竖直方向上的分量。

曲柄受到连杆的作用力为 R_{21}，曲柄在工作时受到外部的驱动力矩为 T_N，对曲柄进行力平衡受力分析得

$$\begin{cases} \sum F_x = 0 \ \text{即} \ R_{41x} + R_{21}\cos\beta = 0 \\ \sum F_y = 0 \ \text{即} \ R_{41y} + R_{21}\sin\beta = 0 \end{cases}$$

对点 O 求合外力矩，其力矩平衡，则有

$$\sum M_O = 0 \ \text{即} \ T_N + R_{21}\cos\beta \cdot R\sin\theta_1 + R_{21}\sin\beta \cdot R\cos\theta_1 = 0$$

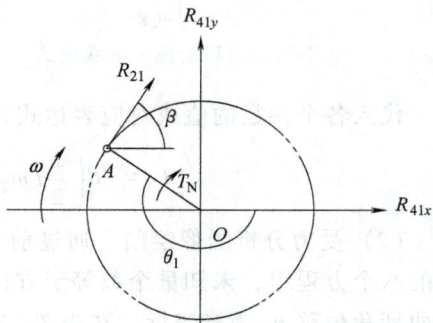

图 7-30　工作行程曲柄受力

即

解得 T_N 表达式为

$$T_N = -R \cdot R_{21}\sin(\theta_1 + \beta)$$

结合连杆机构各部分受力情况，得 T_N 表达式为

$$T_N = -R\left(\frac{1}{2}Lm_2\varepsilon_2\tan\beta + \frac{-m_3 a + fm_3 g + \dfrac{1}{4}p\pi d_z^2}{\cos\beta + f\sin\beta}\right)\sin(\theta_1 + \beta)$$

4）十字头回程受力分析。回程阶段十字头受力如图 7-31 所示。

对十字头进行力平衡受力分析得

$$\begin{cases} \sum F_x = 0 \ \text{即} \ F_f + R_{23}\cos\beta - F_a = 0 \\ \sum F_y = 0 \ \text{即} \ R_{43} + R_{23}\sin\beta - m_3 g = 0 \end{cases}$$

解得

$$R_{23} = \frac{-fm_3g + m_3a}{\cos\beta - f\sin\beta}$$

5）连杆回程受力分析。回程阶段连杆受力如图 7-29 所示。由于连杆在工作行程受力情况与在回程行程受力情况一致，因此方程组与求解过程与工作行程一致，解得

$$R_{12} = -\frac{1}{2}Lm_2\varepsilon_2\tan\beta - \frac{-fm_3g + m_3a}{\cos\beta - f\sin\beta}$$

6）曲柄回程受力分析。回程阶段曲柄受力如图 7-32 所示，其他求解过程与工作行程一致。

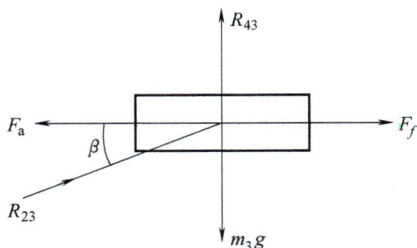

图 7-31　回程阶段十字头受力

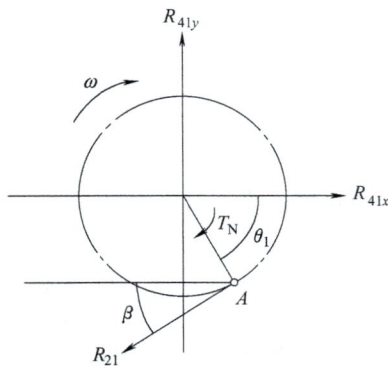

图 7-32　回程阶段曲柄受力

代入各个参数的值或对应表达式，求得 T_N 表达式为

$$T_N = -R\left(\frac{1}{2}Lm_2\varepsilon_2\tan\beta + \frac{-fm_3g + m_3a}{\cos\beta - f\sin\beta}\right)\sin(\theta_1 + \beta)$$

（2）受力分析图像绘制　通过前面两个阶段三个构件的受力分析，可得到含八个未知量的八个方程组，未知量个数等于方程组个数，故可解得八个未知量的具体解。联立各式，以曲柄角位移 θ_1 为横坐标，转矩 T_N 为纵坐标建立直角坐标系并绘制一个周期内 T_N 变化图像，得到曲柄上驱动转矩 T_N 随曲柄角位移 θ_1 变化曲线图如图 7-33 所示。

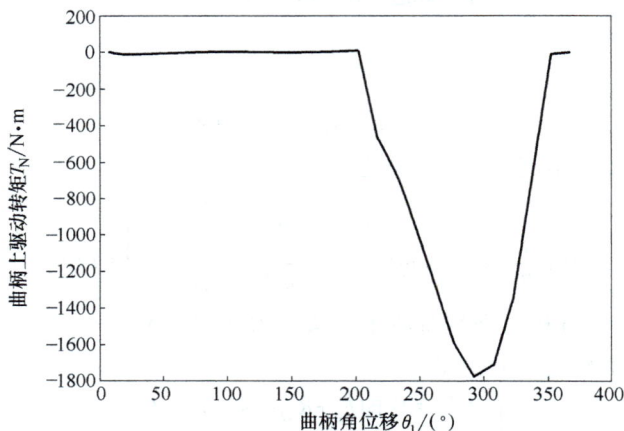

图 7-33　曲柄上驱动转矩 T_N 随曲柄角位移 θ_1 变化曲线图

观察图 7-33 所示曲线图，在工作行程中，驱动力矩 T_N 从 0 开始，先增大后减小；回程过程中，由于惯性力的作用，故所需的驱动力矩比工作行程要小得多。因此，判断该图像较为合理。

7.3.3　计算机辅助设计与分析

1. 软件功能分析

该软件分为数据库文件选择、机构尺度综合、机构运动分析、机构动力分析四大功能模块，软件功能模块显示界面如图 7-34 所示。

图 7-34　软件功能模块显示界面

1）数据库文件选择模块：该模块将根据任务书已经建立好的 Excel 数据文件放到软件所在的文件夹内，方便软件运行时选取所需要的已知参数，保证软件功能的数据参数化。

2）机构尺度综合模块：该模块的功能是在数据库中选定已知参数组后，根据传动方案简图中各杆之间的几何尺寸位置关系，求出各杆的几何参数。

3）机构运动分析模块：该模块主要是在机构尺度综合模块的基础上进行各构件的运动分析，并对机构中的执行构件——十字头的运动特性进行分析，最后绘制出十字头位移、速度和加速度运动特性曲线。根据运动特性曲线也可以进一步判断数据库中已知参数的合理性。

4）机构动力分析模块：该模块在运动分析基础上讨论机构动力分析情况，采用杆组整体受力与单个构件受力分析相结合的方法，分析过程中考虑必要的惯性力及转动惯量条件下的多个内、外力的大小和方向，并绘制出需要加在机构主动件——曲柄上的驱动力矩曲线，根据曲线变化规律可以直观判断该往复泵的工作行程及回程阶段的分界点以及动力分析过程及数据的合理性。

上述四个模块相互独立，同时也相互关联，可以选择一组数据依次进行机构尺度综合、机构运动分析及机构动力分析三功能模块的分析；也可以选用不同组数据分别进行上述三个功能模块的分析，均能得到正确合理的答案。每个功能模块都有回到图 7-34 所示软件功能模块显示界面的按钮，软件界面友好，操作方便。

2. 程序流程

该软件主体功能模块——机构运动分析与机构动力分析模块的程序设计流程图分别如图 7-35 和图 7-36 所示。

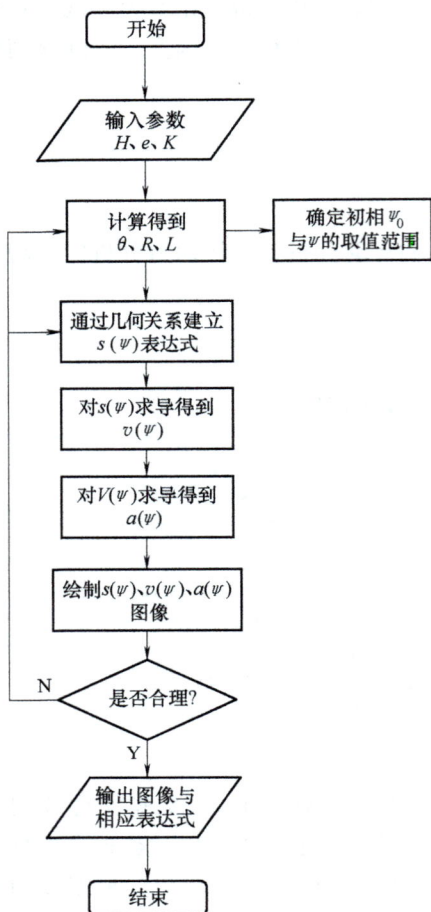

图 7-35　机构运动分析模块程序设计流程图

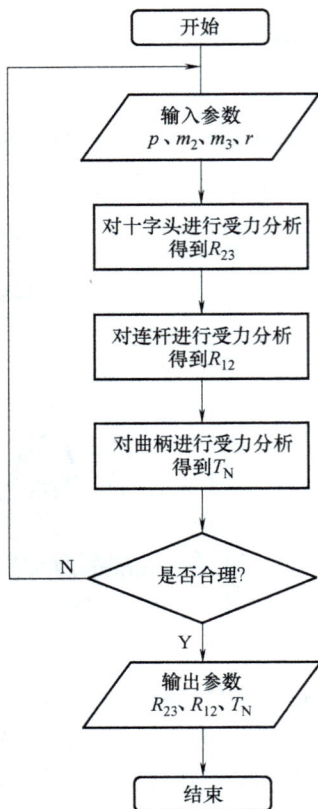

图 7-36　机构动力分析模块程序设计流程图

3. 软件功能模块显示界面介绍

1）单击"数据库文件选择"按钮，选中文件夹中准备好的"各组往复泵参数" Excel 文件，单击界面上的"打开"按钮，程序会自动将数据库文件激活，以便后面三个模块计算时使用，多组数据激活界面如图 7-37 所示。

2）"机构尺度综合"模块初始界面如图 7-38 所示，在"（请选择对应组数）"下拉列表框中选择所需要的序号组序，数据库中的文件即可被随时调用。

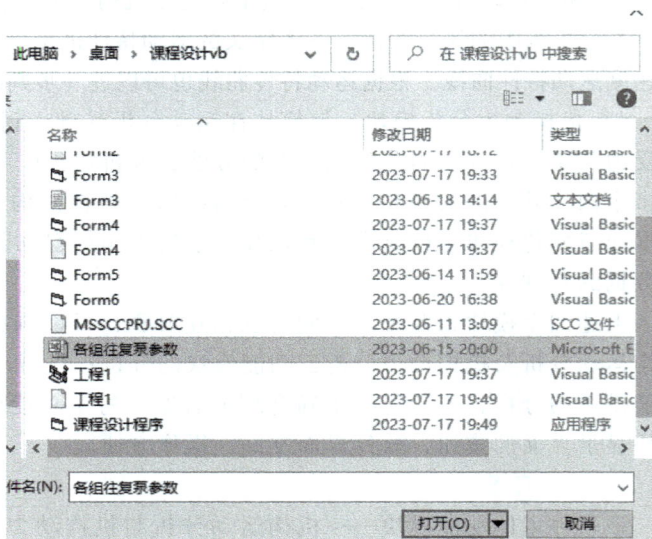

图 7-37　多组数据激活界面

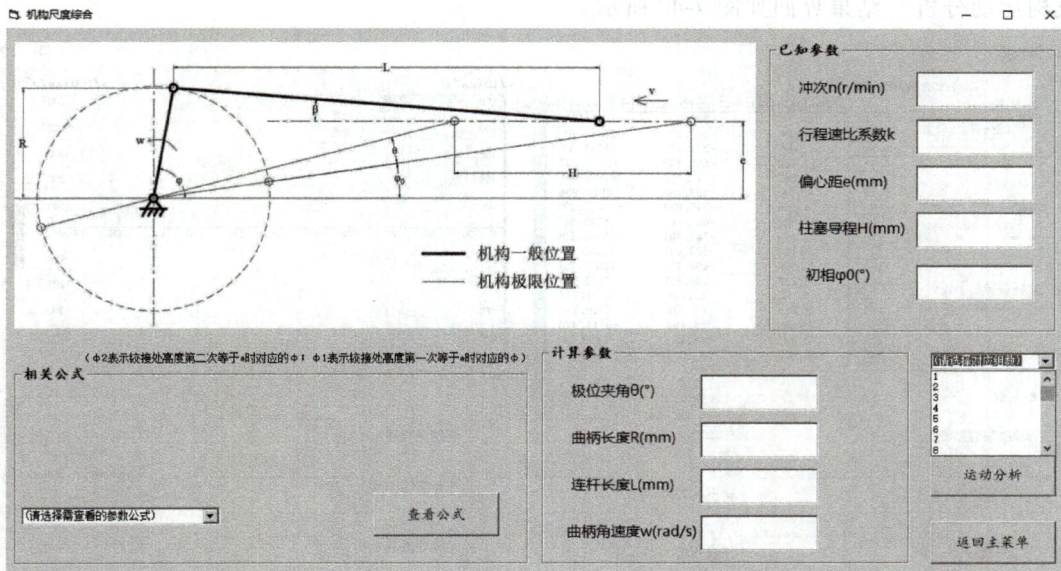

图 7-38　"机构尺度综合"模块初始界面

3）"机构尺度综合"参数计算界面，如图 7-39 所示。选择第 6 组数据中的已知参数，单击"参数获取和计算"按钮，软件即可采用从"（请选择需查看的参数公式）"下拉列表框中选择的相应参数公式求解"计算参数"选项组的参数，本例计算参数包括极位夹角、曲柄角速度两个中间参数，以及曲柄长度、连杆长度两个尺度综合的最终计算结果。

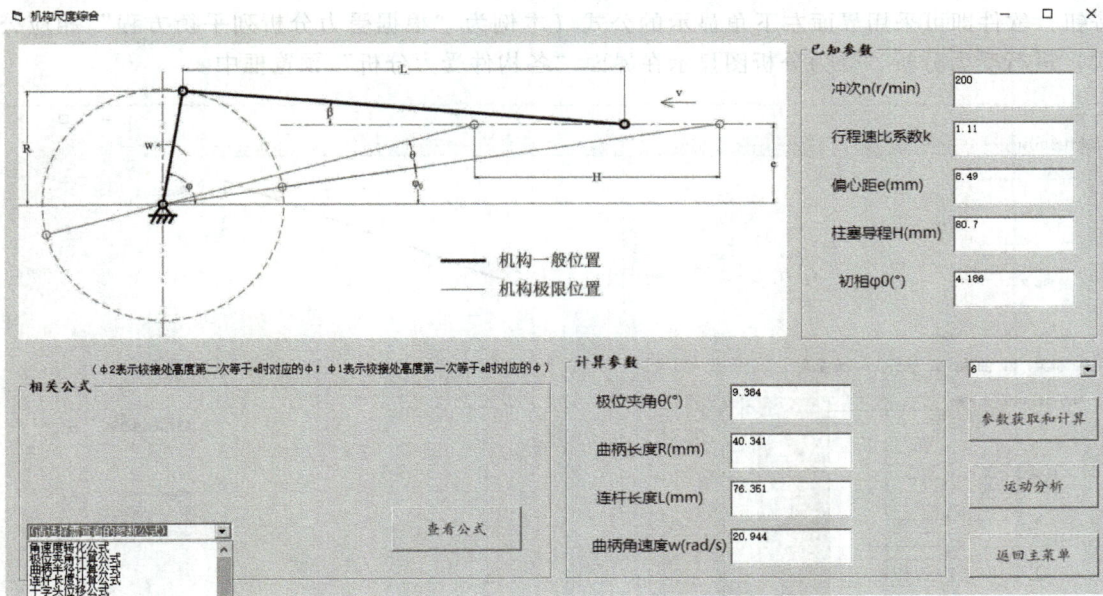

图 7-39　"机构尺度综合"参数计算界面

4）在图 7-39 所示界面中，单击"运动分析"按钮，软件即可根据所选参数公式求解十字头在曲柄运转一个周期内不同曲柄转角下的位移、速度及加速度并绘制三者变化曲线，

113

"机构运动分析"结果界面如图 7-40 所示。

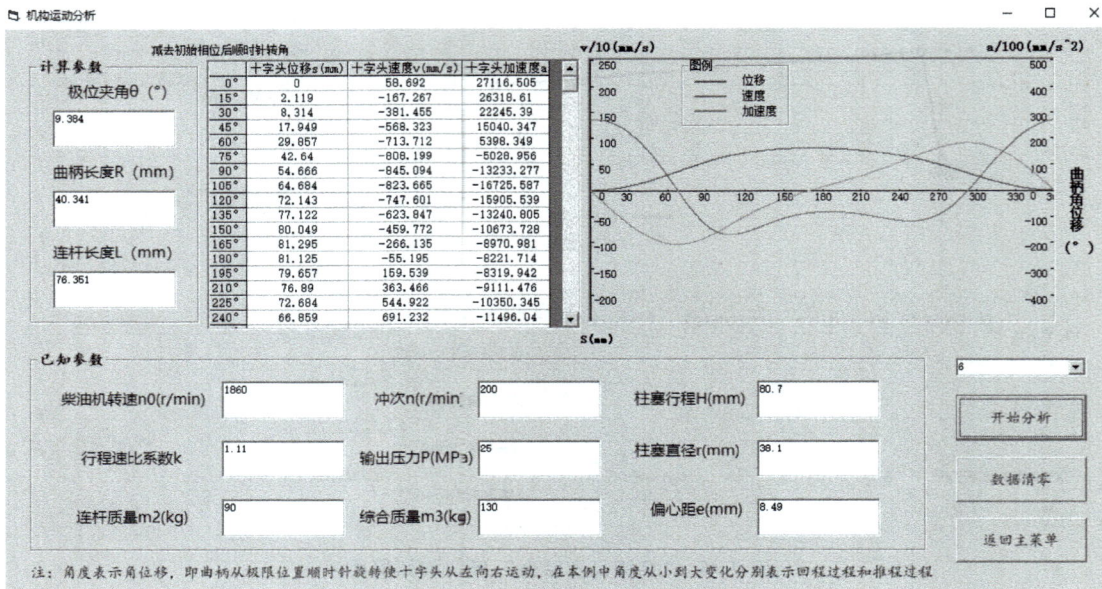

图 7-40 "机构运动分析"结果界面

5）单击图 7-40 所示界面中的"返回主菜单"按钮，软件即可回到图 7-34 所示的软件功能模块显示界面，再单击"机构动力分析"，按钮，即可进入图 7-41 所示"机构动力分析"选择界面，在"请选择数据组别"下拉列表框中选取任意一组数据，单击"分析求解"按钮，软件即可采用界面左下角显示的公式（本例为"根据受力分析列平衡方程"相应公式）进行受力分析，受力分析图显示在界面"各构件受力分析"预览框中。

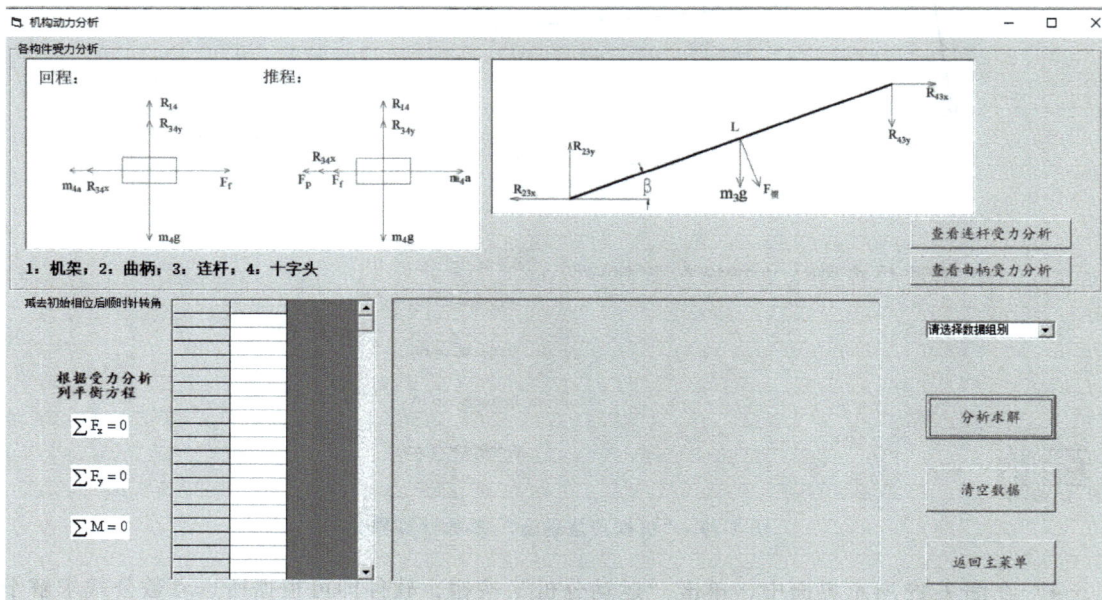

图 7-41 "机构动力分析"选择界面

6）"机构动力分析"结果界面如图 7-42 所示，从图 7-42 中可以得到曲柄运转一个周期内曲柄驱动力矩 T_N 的具体数值及变化曲线。

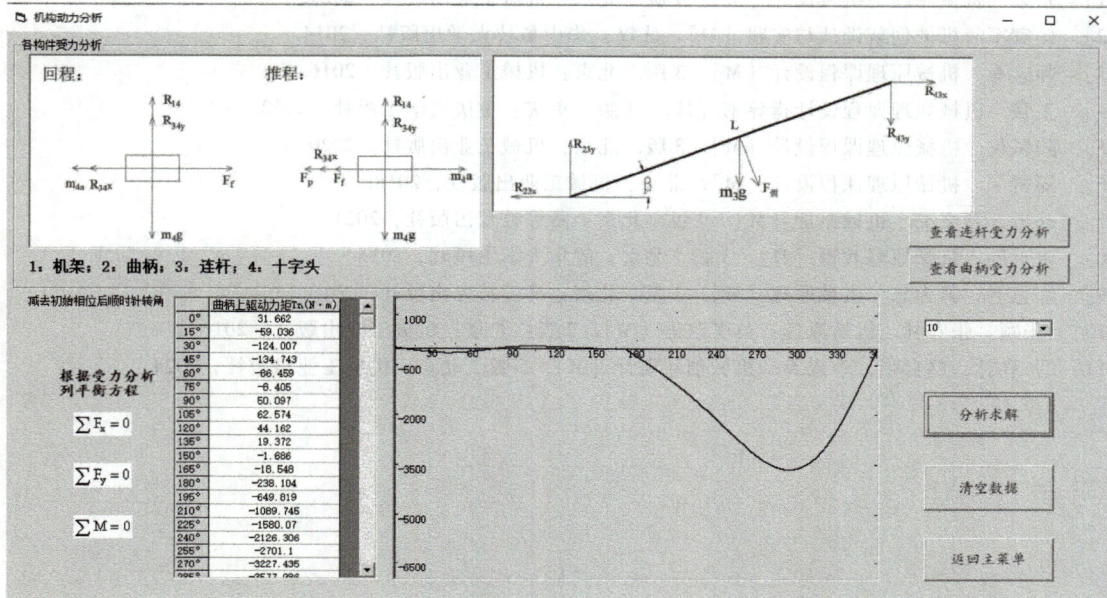

图 7-42 "机构动力分析"结果界面

🔧 **思政拓展**：中国海油量身设计建造了全球首座超十万吨级深水半潜式生产及储油平台，它的设计、建造、投产凝聚着几代海油人的梦想，体现着爱国、担当、奋斗、创新的海油精神，开启了我国正式挺进深海油气开采的新征程。扫描右侧二维码观看相关视频。

信物百年"深海一号"能源站

参 考 文 献

［1］　张策. 机械原理与机械设计 ［M］. 4 版. 北京：机械工业出版社，2024.

［2］　杨家军. 机械创新设计与实践 ［M］. 武汉：华中科技大学出版社，2014.

［3］　师忠秀. 机械原理课程设计 ［M］. 3 版. 北京：机械工业出版社，2016.

［4］　王强. 机械原理课程设计指导书 ［M］. 2 版. 重庆：重庆大学出版社，2022.

［5］　陆凤仪. 机械原理课程设计 ［M］. 3 版. 北京：机械工业出版社，2020.

［6］　郑树琴. 机械原理课程设计 ［M］. 北京：机械工业出版社，2018.

［7］　孙桓，葛文杰. 机械原理 ［M］. 9 版. 北京：高等教育出版社，2021.

［8］　申永胜. 机械原理教程 ［M］. 3 版. 北京：清华大学出版社，2015.

［9］　邹慧君，郭为忠. 机械原理 ［M］. 3 版. 北京：高等教育出版社，2016.

［10］　张颖，张春林. 机械原理：英汉双语 ［M］. 2 版：北京：机械工业出版社，2016.

［11］　张春林，赵自强，李志香. 机械创新设计 ［M］. 5 版. 北京：机械工业出版社，2024.